Zu diesem Buch

Else Müller, geboren 1934 in Frankfurt am Main, leitete von 1962 bis 1975 Frauen-Emanzipationskurse in der Frankfurter Volkshochschule und machte 1979 ihr Diplom als Sozialpädagogin an der Frankfurter Universität.

Else Müller hat buchstäblich am eigenen Leib erfahren, wie wohltuend Körper und Seele wechselseitig auf sinnvolle Entspannungsübungen reagieren, und sie wird täglich bei ihrer praktischen Arbeit mit hilfesuchenden Menschen in dieser Erfahrung bestätigt.

Else Müller vermittelt in ihrer Praxis in Frankfurt verschiedene Entspannungstechniken wie Autogenes Training, Atemtherapie, Bioenergetic, Yoga und Meditation. Ihr Buch hat deshalb nicht nur den Vorteil, aus der täglichen Arbeit mit Klienten/Patienten heraus geschrieben zu sein, sondern stellt darüber hinaus die verschiedenen Therapien und ihre Anwendung als sich ergänzende Möglichkeit dar.

Außerdem als rororo lieferbar:
«Hilfe gegen Schulstreß. Übungsanleitungen zu Autogenem Training, Atemgymnastik und Meditation für Kinder und Jugendliche.» (rororo sachbuch 7877)

Else Müller

Bewußter leben durch Autogenes Training und richtiges Atmen

Übungsanleitungen zu
Autogenem Training
und Atemtraining;
meditative Übungen
durch gelenkte Phantasien

Rowohlt

Ich danke allen, die mit auf dem Weg waren,
besonders meinem Lehrer Heinz Mosebach

Umschlagentwurf Alice Meister
Fotos Antje und Monika Müller

56.–59. Tausend Februar 1992

Originalausgabe
Veröffentlicht im Rowohlt Taschenbuch Verlag GmbH,
Reinbek bei Hamburg, Juni 1983
Copyright © 1983 by Rowohlt Taschenbuch Verlag GmbH,
Reinbek bei Hamburg
Redaktion Beate Menzel
Satz Times (Linotron 404)
Gesamtherstellung Clausen & Bosse, Leck
Printed in Germany
880-ISBN 3 499 17753 6

Inhalt

Einleitung

Unsere hochtechnisierte Umwelt führt bei immer mehr Menschen zu psychosomatischen und -sozialen Störungen, wie Kreislauf- und Schlafstörungen, Magen- und Darmbeschwerden, Nervosität, Angst und Depressionen.

Es kommt zu steigendem Alkohol-, Drogen- und Tablettenmißbrauch, Schwierigkeiten in Ehe und Partnerschaft, im Zusammenleben von Eltern und Kindern, am Arbeitsplatz. Die Arbeits- und Liebesfähigkeit werden eingeschränkt und führen im wachsenden Maße zu einer Lebensunlust.

Stress und Dauerbelastung wirken sich körperlich und seelisch aus und führen zu einem frühzeitigen Verschleiß. Hilfen zur Selbsthilfe sind nötig.

Autogenes Training und bewußtes, richtiges Atmen führen zu einer positiveren Grundhaltung, zu größerer innerer Ruhe und Gelassenheit. Dies ermöglicht eine bewußtere Selbstwahrnehmung und -verwirklichung bei der Lebensgestaltung.

Diese im Buch beschriebenen differenzierten Entspannungstechniken lösen körperliche und seelische Spannungen,
– verbessern die Atmung,
– beruhigen das vegetative Nervensystem,
– mobilisieren körpereigene Energien,
– regen Phantasie und Kreativität an,
– fördern die Konzentrationsfähigkeit,
– lassen durch meditative Selbsterfahrung den Körper bewußter und intensiver erleben,
– führen zu einem besseren körperlich-seelischen Gleichgewicht,
– und helfen letzten Endes den Alltag und seine Probleme besser zu bewältigen.

Vorwort

Autogenes Training, Atemtraining und -gymnastik und meditative Übungen werden meist voneinander unabhängig, lediglich als sachliche Anleitungen publiziert.

In vielen Publikationen fehlt der sozio-psychologische Zusammenhang und Hintergrund der Krankheitsentstehung und -bilder.

Die persönliche Einstellung und Erfahrung der Autoren spielen dabei sicher eine wesentliche Rolle. Der Bekanntheitsgrad der verschiedenen Verfahren ist unterschiedlich, sowie ihre wissenschaftliche «Absicherung» und Überprüfbarkeit.

Meditation oder meditative Übungen werden auch heute oftmals noch als etwas «Mystisches» oder «Magisches» und damit als Hokuspokus abgelehnt. Selbst das Autogene Training, dessen Einwirkung auf den Organismus des Menschen wissenschaftlich meßbar ist, wird noch mit Skepsis betrachtet.

Uninformiertheit läßt viele subjektive Fehleinschätzungen zu.

Mein Anliegen ist, mögliche Vorurteile abzubauen, dem Leser den Zusammenhang von Ursachen und Wirkung seiner «Leiden» zu zeigen und ihn durch eine differenzierte und reflektierte Betrachtungsweise der Entspannungsmethoden von deren großem Wirkungsgrad zu überzeugen.

Ich persönlich habe die hilfreiche Wirkung des Autogenen Trainings, der Atem- und meditativen Übungen so überzeugend erlebt, daß ich diese «Hilfen zur Selbsthilfe» nicht nur in meiner Einzel- und Gruppenpraxis weitervermitteln möchte.

Die in diesem Buch beschriebenen drei Methoden der Selbstentspannung fügen sich, wie ich meine, zu einem harmonischen Ganzen zusammen.

Ihr gemeinsames Ziel ist, dem Menschen wieder zu einem Gleichgewicht zu verhelfen, aus dem heraus er wieder mehr Kraft für seinen Alltag schöpfen kann und mehr Freude an seinem Leben gewinnt.

Es bleibt natürlich jedem selbst überlassen, ob er die drei Methoden zusammenhängend anwenden oder er seine «persönliche» Übungsmethode herausfinden will.

Jeder wird unterschiedlich auf die verschiedenen Methoden reagieren und damit auch zu unterschiedlichen Erfolgen kommen. «Richtig» für den einzelnen ist das, was sich für ihn als am wirkungsvollsten erweist.

Als erstes stelle ich die Methode des Autogenen Trainings, wie sie von Prof. J. H. Schultz, einem Berliner Nervenarzt, erdacht und ausprobiert wurde, in einer modifizierten Form vor.

Autogenes Training ist eine Methode der Entspannung durch Selbst- oder Eigensuggestion.

Durch eine bewußte Konzentration auf sich und seinen Körper erlebt man ein Schwere- und Wärmegefühl, das durch Muskelentspannung und Erweiterung der Blutgefäße entsteht und eine verstärkte Durchblutung zur Folge hat. Damit verbunden entsteht ein Gefühl der tiefen Ruhe und Entspannung, die zu einer Erholung des Gesamtorganismus führt. Dies ist nicht nur ein subjektives Gefühl, sondern durch die «Umschaltung» (siehe Seite 36) wird das vegetative Nervensystem beeinflußt und damit über dieses die Funktion der Körperorgane. In der Medizin dachte man lange Zeit, dies sei nur durch medikamentöse Beeinflussung zu erreichen.

Autogenes Training ist eine wirkungsvolle Vorbeugung (Prophylaxe), Seelengesundheitsvorsorge (Psychohygiene) = Seelengesundheitspflege und Seelenbehandlung (Psychotherapie) und damit ein wirkungsvolles Gegengewicht zu den Belastungen des Alltags, zu Stress.

Durch die (Wieder)Herstellung eines inneren, auch körperlichen Gleichgewichts findet der Mensch zu größerer Gelassenheit und wird mit seinen Konflikten und Problemen besser im Alltag umgehen können. Sein Kräfte- und Energiepotential wird erheblich vergrößert. Autogenes Training wird so zu einer wirkungsvollen Krankheitsvorbeugung. Es hat nichts mit Magie zu tun, es ist kein Religionsersatz, ist keine Glaubensfrage oder Weltanschauung, es ist ein pragmatisches (sachlich, auf Erfahrungen beruhendes) Verfahren.

Als nächstes Verfahren stelle ich ein differenziertes *Atemtraining und Atemgymnastik* vor.

Unsere hektische Zeit läßt viele Menschen fast «atemlos» werden, sie atmen hektisch, hastig ein, sie halten den Atem «fest und wollen ihn haben», nicht loslassen.

«Atem ist Geben und Nehmen, ist lebensnotwendiger Austausch zwischen Innen und Außen. Wenn dieses Wechselverhältnis gestört wird, gerät der Mensch aus seinem Gleichgewicht.»[1]

Menschen geraten schnell «außer Atem», nicht nur durch körperliche Anstrengung. In Angst- und Belastungssituationen wird durch das verkürzte, verkrampfte Einatmen dem Organismus zu wenig Sauerstoff zugeführt.

«Der Mensch atmet nur etwa 50 % des Sauerstoffs ein, die seine volle Lungenkapazität gestattet.»[2]

Sauerstoff ist ein wichtiges und ständig notwendiges «Grundnahrungsmittel» des Menschen. Ohne Essen, Trinken und Schlafen kommt der Mensch eine Weile aus, nicht aber ohne Atem. Jeder Energieaufwand, sei es in der Muskulatur oder im Gehirn, braucht Sauerstoff.

Durch bewußtes, richtiges und damit besseres Atmen nimmt der Mensch mehr Sauerstoff auf, das heißt, er verfügt auch über mehr Kraft und Energie. Damit kann er vielen Krankheiten vorbeugen. Richtiges, ausreichendes Atmen regt den Stoffwechsel an und beruhigt die Nerven. Der Volksmund spricht von «einen längeren Atem haben» und meint damit, über mehr Ausdauer und Geduld zu verfügen.

Atemübungen sind unabhängig von Zeit und Raum. Man kann sie im Sitzen, im Liegen, Stehen oder Laufen, im Haus oder in der Natur machen, mit einiger Übung sogar in Anwesenheit anderer Menschen mit geschlossenen oder offenen Augen. In allen Fällen ist eine beruhigende Wirkung schnell zu spüren.

---

[1] Hiltrud Lodes: Atme richtig, Lübbe 1981
[2] W. R. Richter: Heilkunst des Fernen Ostens

Die *meditativen Übungen* sind der dritte Weg zu einer Selbstentspannung, auf die ich hier eingehen will. Es handelt sich bei diesen Übungen um «gelenkte Phantasien» durch vorgegebene Bilder, Begriffe und Symbole, wie zum Beispiel Wärme und Geborgenheit, aber auch Meer und Wiese. Meditative Zustände entstehen häufig auch «unwillkürlich» beim Autogenen Training, besonders bei den fortgeschrittenen Übungen in der Oberstufe. Auch hier können sie durch Vorstellungen «gesteuert» werden.

Viele Menschen haben allerdings auch schon meditative Zustände erlebt, ohne sich dessen «bewußt» zu sein. Im Urlaub, in einem Museum, in mancherlei Situationen erlebten sie völlig entspannte Zustände, sie waren ganz «weg». Während der Phantasien und Träumereien, die wir hier bewußt herstellen wollen, wird der Alltag mit all seinen Belastungen für eine Weile aus dem Bewußtsein ausgeschaltet. Es ist ein Versenkungszustand, der als eine geistige «Leere» empfunden wird, die jede körperliche und seelische Spannung auflöst.

Es ist ein Zustand der tiefen Entspannung und Ruhe und wird für den Menschen zu einer natürlichen Kraftquelle.

Die vorgegebenen Bilder werden meist im Verlauf der Übung durch eigene ersetzt. Die Konzentration auf das vorgegebene Bild erleichtert die Hinwendung auf die absolute Ruhe. Durch diese Übungen wird Phantasie und Kreativität angeregt. In unserer reizüberfluteten Zeit kann die eigene Phantasie leicht verkümmern.

Ich erlebe immer wieder, daß Menschen bei den verschiedensten Selbstentspannungsmethoden das Gefühl der Schwere und Wärme in den Gliedern recht schnell erleben, die Gedanken aber weiter wie «Fledermäuse» im Kopf flattern. Dies zeigt die überaus große geistige und seelische Spannung, unter der diese Menschen stehen und leiden.

In den Gruppen oder auch in Einzelsitzungen erleben viele den gewünschten Entspannungszustand oft befriedigender, wenn sie die Atemübungen «vorschalten». Hier hilft die Konzentration auf die verschiedenen Atemübungen- und Abläufe störende und hemmende Gedanken auszuschalten, so daß der Übergang zum Autogenen Training oder zu den meditativen Übungen problemloser ist. Die Konzentration auf den Atem ist ebenfalls der Einstieg in die «klassische» Meditation. (Siehe Seite 151.)

Die meisten Menschen, die sich mit AT (Autogenem Training) oder anderen Entspannungsmethoden befassen, sind an einem Punkt großer Nervosität und tiefer Erschöpfung angelangt. Sie wollen sehr schnell «Hilfe». Nun, es hat viele Jahre gedauert, bis sich die Folgen eines hektischen Alltags bemerkbar machten, bis sie «spürbar» wurden. Von heute auf morgen ist also keine Änderung zu erwarten. Es braucht seine Zeit, bis die Folgen des Raubbaus an Körper und Seele abgebaut und wieder etwas «Neues» aufgebaut werden kann.

Viele Kursteilnehmer klagen häufig: «Ich hatte keine Zeit zum Üben.» Das gibt es schlichtweg nicht. Jeder kann sich ein paar Minuten täglich für das Üben nehmen. Es ist eine Frage der Motivation. Nur durch regelmäßiges, konsequentes Üben stellt sich der gewünschte Erfolg ein, der als ein Erfolgserlebnis dann zum Weitermachen anspornt. Auf eine ganz einfache Formel gebracht: Viel Üben – viel Erfolg, wenig Üben – kaum Erfolg.

Eine günstige Übungszeit ist die Zeit vor dem Einschlafen. Die störenden Alltagsgeräusche sind geringer, die Tagesaufgaben sind erledigt.

Die moderne Schlafforschung hat gezeigt, daß viele Menschen selbst im Schlaf noch muskulär verspannt bleiben, die Belastungen des Alltags werden mit in den Schlaf hineingenommen. Sie schlafen schwer ein, die wichtigen Tiefschlafphasen sind nicht tief und lang genug. Viele Menschen klagen am Morgen über Zerschlagenheit, trotz ausreichender Schlafdauer. Sie fühlen sich nicht richtig erholt. Sie greifen zum morgendlichen «Aufmunterer», dem Kaffee, der Herz und Kreislauf belastet, greifen später vielleicht zur Beruhigungstablette und abends zum Schlafmittel. Ein Teufelskreis, der nicht ohne Folgen bleibt.

Aber auch denjenigen, die leicht einschlafen, sind die Übungen zu empfehlen. Man schaltet so besser alles Belastende aus, schafft

15

sich eine «Insel der Ruhe». Für manche Menschen hat das Gebet eine ähnliche Funktion. Das Ausschalten der Außenwelt läßt das Hinwenden auf die Innenwelt zu.

Die Methoden der Selbstentspannung helfen die Grundbefindlichkeit des Menschen zu verbessern. Aber man kann diese Methoden auch mißbrauchen, indem man sie wie ein Beruhigungsmittel benutzt. So können Symptome zugedeckt werden, die ein Signal sind und der Beachtung bedürfen. Die krankmachenden Ursachen müssen in jedem Fall aufgespürt werden. Die Hilfe des Arztes, für eine Weile vielleicht auch die eines Psychotherapeuten, müssen dann in Anspruch genommen werden.

Zudecken oder Betäuben hilft auf Dauer nicht. Eine Selbsttäuschung kann gefährlich werden. Eine «oberflächliche» Ruhigstellung hat keine echte Heilwirkung. Die Krisenherde müssen gefunden werden.

Konzentrative Entspannungstrainings sollte man schon deshalb nur unter der erfahrenen Leitung gut ausgebildeter Trainer erlernen. Ein Trainer wird im besten Falle nicht nur programmatisch, sondern auch sozial-pädagogisch vorgehen und damit auch eine therapeutische Funktion haben. Es gibt allerdings heute auch Mediziner, Psychotherapeuten, Sozial-Pädagogen und -arbeiter, die eine gründliche Ausbildung in Autogenem Training haben, diese Verbindung ist natürlich besonders wirkungsvoll. Der Trainer hat nicht nur die Aufgabe, die Gruppe, in ihr das Individuum, zu beachten, sondern auch die gruppendynamischen Aktionen aufzufangen.

Es kommt in den Anfangsphasen zu individuellen Reaktionen, die erklärt werden müssen. Es können körperliche und seelische Ereignisse, auch «Irritationen» (siehe Seite 44) auftreten, die gedeutet und erklärt werden müssen, um so aufkommende Unsicherheiten und Ängste abzubauen.

Das Lernen in der Gruppe ist auf jeden Fall leichter als im Alleingang. Die Gruppe ist eine Art «positiver Verstärker». Es ist sehr entlastend, von den Sorgen und Nöten der anderen Gruppenteilnehmer zu hören, die den eigenen so ähnlich sind. Man verliert dadurch schnell das Gefühl, ein «Versager» zu sein. Der häufige Rat: «Reiß dich doch zusammen!» ist selten tröstlich.

Dieses Buch soll anregen und neugierig auf eigene Erfahrungen machen. Für Leser, die schon einmal mit AT Kontakt hatten, ist es eine gute Hilfe zum Weiterüben. Es ist auch ein Begleitbuch für Einzel- und Gruppentraining.

Stress – eine Zeitkrankheit

Unter Stress verstehen wir vielfältige Formen überaus starker Spannung und Erregung, Belastungen, die physische und psychische Störungen und schließlich auch Erkrankungen auslösen können.

Ein Resultat von Stress ist ein frühzeitiger Verschleiß; die Lebensfähigkeit des Menschen ist eingeschränkt. Das Wort Stress ist bereits in unsere tägliche Umgangssprache integriert und wurde doch noch vor einigen Jahren meist in Zusammenhang mit «Managerkrankheit» gebraucht. Das gilt heute nicht mehr. Die Krankheitsbilder, die unter dem Begriff «Managerkrankheit» zusammengefaßt werden, sind in allen Altersgruppen und in allen sozialen Schichten zu beobachten. Hier geht es um den Stress, der als eine typische Zeitkrankheit betrachtet werden kann.

Der menschliche Organismus lebt in einem natürlichen Spannungsbogen. Nach der Anspannung folgt die Entspannung, die Regenerierung und Erholung. Dieser natürliche Spannungsbogen ist bei vielen Menschen gestört, sie bleiben im Spannungsbereich, in einer Dauerspannung. Die notwendige Erholung und Regeneration des Organismus, die zu einem gesunden Leben gehört, ist nicht mehr ausreichend gesichert. Der Mensch gerät dann aus seinem «Gleichgewicht».

Körper, Geist und Seele stehen in keinem ausgewogenen Verhältnis mehr. Der Mensch funktioniert mehr, als daß er lebt. Psyche (Seele) und Soma (Körper) sind eine untrennbare Einheit, die wechselseitig aufeinander reagieren. Psychosomatische Erkrankungen umfassen alle Störungen und Erkrankungen des Körpers, die weitgehend auf seelische Belastungen und schädigende Umwelteinflüsse zurückzuführen sind. Auf sie kann die herkömmliche Medizin nur unzureichend einwirken.

Krankheit ist das körperliche Zeichen eines seelischen Konflikts. Spinoza sagt in seiner «Ethik», daß die psychische Gesundheit bzw. Krankheit eine Folge richtiger, bzw. falscher Lebensweise sind.[3] Für Spinoza ist psychische Gesundheit in letzter Konsequenz eine Manifestation richtigen Lebens, psychische Krankheit hingegen ein Symptom der Unfähigkeit, «in Einklang mit den Erfordernissen der menschlichen Natur zu leben»[4].

Für Hans Selye, den berühmten Stressforscher, ist die «Unzufriedenheit mit dem Leben, die Geringschätzung der eigenen Leistung» eine der Hauptursachen für den schädigenden Stress, dem Distress.[5]

In einer Gesellschaft, die ihr höchstes Ziel in einer übersteigerten Leistungserbringung sieht, die auf Kosten individueller Selbstverwirklichung geht, in der Konkurrenzdenken das Klima zwischen den Menschen bestimmt, kann das Individuum krank werden, und damit eine ganze Gesellschaft. Hier ist die Krankheit ein Protest gegen lebensfeindliche Bedingungen.

Übersteigertes Leistungsstreben, mitleidloses Konkurrenzverhalten, entfremdete Arbeit, gesundheitsgefährdende Arbeitsplatzsituationen, Zerstörung der Umwelt und Kriegsgefahr sind wahrlich keine Bedingungen für ein glückerfülltes Dasein.

Erich Fromm sagt:

«Wir sind eine Gesellschaft notorisch unglücklicher Menschen: einsam, von Ängsten gequält, deprimiert, destruktiv, abhängig – jene Menschen, die froh sind, wenn es ihnen gelingt, jene Zeit ‹totzuschlagen›, die sie ständig einzusparen versuchen.»[6]

Stress und psychosomatische Erkrankungen treffen in zunehmendem Maße auch Kinder und Jugendliche. In dieser Zeit der großen Arbeitslosigkeit, die in besonderem Maße die Jugend

[3] Erich Fromm: Haben oder Sein, dtv München o. J.
[4] Fromm, a. a. O.
[5] Hans Selye: Stress. Rowohlt, Taschenbuch Verlag Reinbek 1977
[6] Fromm, a. a. O.

trifft, die keine positive Zukunftsperspektive mehr sieht, drückt sich deren tiefgreifende Resignation und Trauer auch in Krankheit und Verweigerung aus.

Zu diesen äußeren Bedingungen der Entstehung von Stresserkrankungen kommen noch innere Faktoren dazu.

Diese hängen mit der individuellen, psychischen Biographie jedes einzelnen zusammen. Individuelle und gesellschaftliche Determinanten verbinden sich. Ein Problem der Menschen in der heutigen Zeit ist sein Mißverhältnis zwischen Kopf und Körper. Die körperlichen und geistig-seelischen Funktionen werden getrennt, fast unabhängig voneinander betrachtet. Der Mensch hat seinen natürlichen, biologischen Rhythmus verloren und ist dabei, das Gleichgewicht in der Natur ebenfalls zu zerstören. Der Regelkreis zwischen intakter sozio-biologischer Umwelt und gesunder, psychisch-physischer Struktur des Menschen ist unterbrochen, vielleicht bald irreparabel zerstört.

Eine «Kopflastigkeit» verhindert auch, daß der Körper als ein lustvolles Instrument von Gefühlen und Empfindungen wahrgenommen wird. Der Körper hat lediglich noch die Funktion einer Maschine oder eines Werkzeugs. Er wird meist nur dann wahrgenommen, wenn er nicht mehr «funktioniert». Er reagiert dann mit Störungen, das heißt, er produziert eine Reihe von Krankheiten.

In «Anatomie der Neurose» hat Arthur Janov dargelegt[7], daß Menschen durch eine nicht kindgerechte Erziehung in ihren Grundbedürfnissen eingeschränkt werden und ihnen damit eine vitale Lebensfähigkeit entzogen wird. Er spricht von «Urschmerzen», die entstehen, wenn es einem Kind nicht gestattet wird, so zu sein, wie es seiner individuellen Persönlichkeit entspricht. Einem Kind wird selten erlaubt, seine Gedanken und Gefühle spontan im «Hier und Jetzt» auszudrücken.

In bioenergetischen Kursen lernen erwachsene Menschen wieder, meist recht mühsam, ihre Gefühle zu erkennen und im «Hier und Jetzt» auszudrücken. Sie lernen diese Gefühle in Schreien

---

[7] Arthur Janov: Anatomie einer Neurose, Fischer Taschenbuch Verlag 1976, Frankfurt 1974

und Toben zu artikulieren. Dem kleinen Kind werden diese spontanen Gefühlsäußerungen unter Strafandrohung verboten. Das gilt für negative wie für positive Gefühle. Schreien, mit den Füßen trampeln, um Wut, Verletzungen, Aggressionen auszudrücken, ist tabu. Aber auch Freude spontan auszudrücken, mit dem ganzen Körper, mit Mimik und Sprache, wird häufig unterdrückt.

«Emotionale Bedürfnisse müssen ebenso befriedigt werden, wie die biologischen. Erfährt nun das Kind wenig oder keine emotionale Zuwendung, verbleibt es in einer großen Spannung. Sein inneres Gleichgewicht wird dadurch empfindlich gestört.»[8]

Der «Urschmerz» so Janov, steigert sich in dem Maße, wie das Kind Bedürfnisse abspalten und von sich trennen muß, um dem gewünschten Bild seiner Eltern zu entsprechen. Denn wenn es den Erwartungen seiner Eltern nicht entspricht, muß es mit Sanktionen rechnen, mit einem Verlust an Zuwendung und Liebe, ohne die es nicht leben kann. In der heutigen Kleinfamilie hat das Kind meist nur eine Bezugsperson, auf die es emotional und damit existentiell angewiesen ist. Es ist dem «Wohlwollen» und der «Annahme» dieser Person völlig ausgeliefert. Es gibt anders als in der Großfamilie früherer Zeit oder in funktionierenden Wohngemeinschaften keine weiteren Bezugspersonen, denen es sich zuwenden kann und die sich ihm emphatisch zuwenden.

Das Prinzip von Bestrafung und Liebesentzug wird in der heutigen Erziehung noch immer angewandt. Die «Bestrafung» kann sich in recht subtiler, versteckter Form zeigen, was oft schädigender ist als eine unmittelbare und zornige Reaktion der betroffenen Bezugsperson. Auch die häufig praktizierte Erziehungsform von «Zuckerbrot und Peitsche» ist für das Kind schädlich, da die Inkonsequenz der elterlichen Zuwendung dem Kind keine Geborgenheit und Sicherheit bietet. All diese Erfahrungen versetzen das Kind in übergroße Spannung. Jede Angst vor der Strafe wirkt sich auch auf die Atmung aus. Das Kind hält die «Luft an», wenn es

---

[8] Janov, a. a. O.

Angst hat, wenn es erschrickt. Die Spannung löst sich erst durch tiefes «Luftholen». Das erwähnte Abspalten kindlicher Bedürfnisse bedeutet auch eine Spaltung der Gesamtpersönlichkeit. Das Kind wird gespalten in sein «reales Selbst» und in eine «Fassade», die es vor den Eltern aufrechterhalten muß, um akzeptiert und geliebt zu werden. Dieser Spaltungsvorgang geschieht langsam, meist aber unaufhaltsam. Um Ängste nicht traumatisch erleben, erfühlen zu müssen, wird ein Teil der kindlichen Persönlichkeit ausgeschaltet. So werden Dispositionen zu neurotischen Fehlentwicklungen gelegt, zu körperlich-seelischen Erkrankungen, zur Anfälligkeit gegen Stresskrankheiten.

Diese Störungen und Krankheiten kann man als «kollektive Krankheit unserer Zeit» bezeichnen.

Das alles klingt sehr pessimistisch. Gegen diese Gefühle der Resignation und Ohnmacht, die zu einer Lähmung führen können, muß man sich wehren, man darf nicht aufgeben!

Der Studentenbewegung Anfang der 70er Jahre war jede Form von Psychotherapie suspekt. Man glaubte, daß Therapie jedes «revolutionäre» Potential des Menschen auslöschen würde, daß Therapie zwangsläufig zur «Anpassung an das System» führen müsse. Therapie ist keine Symptombekämpfung. Durch therapeutische Hilfe, sei es Psychotherapie, Autogenes Training, Atemtraining, Yoga, Meditation und noch vieles mehr werden vitale Kräfte und Energien, Möglichkeiten der persönlichen Entwicklung und Entfaltung geweckt und gefördert.

Ein Mensch, der ein inneres Gleichgewicht hat, verfügt über ausreichende Kräfte und Energien, mit anderen an der (Wieder) Herstellung eines «äußeren Gleichgewichts» zu arbeiten. Ein ausschließlich mit sich und seinen Störungen und Erkrankungen beschäftigter Mensch hat kaum Interesse und Kraft, sich «draußen» zu betätigen, sich für allgemein menschliche Grundbedürfnisse einzusetzen.

«Das physische Überleben der Menschheit hängt von einer radikalen seelischen Veränderung des Menschen ab. Dieser Wandel im Herzen des Menschen ist jedoch nur in dem Maße möglich, in dem drastische ökonomische und soziale Veränderungen eintreten, die ihm die Chance geben, sich zu wandeln, und den Mut und die Vorstellungskraft, die er braucht, um diese Veränderung zu erreichen.»[9]

Für diese «radikale psychische Veränderung» sind Hilfen notwendig. Menschen können sich Methoden zu eigen machen, die es ihnen ermöglichen, die Entfremdung des eigenen Körpers und des Selbst zu überwinden, die Blockierung von Energien und Kräften auflösen und so zu mehr Lebensfähigkeit zu kommen. Vorangehen muß die Einsicht in die eigene Lebenssituation und der Abbau von überflüssigen Stressauslösern; ein neues Körperbewußtsein, ein sich bewußteres Wahrnehmen, auch der eigenen Wünsche und Bedürfnisse, erweitert Phantasie und Kreativität und stärkt Selbstbewußtsein und Selbstwertgefühl.

Dieses Körperbewußtsein darf nicht vom Kopf her gesteuert werden, sondern muß den «Körper als das wahre Selbst, als Werkzeug des Ichs» (Lowen in «Bio-Energetik») betrachten. Sich mit seinem Körper zu identifizieren, ist eine Möglichkeit mehr, diesen lebendig zu spüren. «Man ist mehr auf der Welt.»[10]

Die Ausgewogenheit der körperlichen, geistigen und seelischen Zustände wieder herzustellen ist Ziel und Aufgabe der in diesem Buch beschriebenen Methoden von Autogenem Training, einem differenzierten Atemtraining und den meditativen Übungen.

[9] Fromm, a. a. O.
[10] Alexander Lowen: Bio-Energetik. Rowohlt Taschenbuch-Verlag, Reinbek 1979

Was ist Stress?

Die meisten wissenschaftlich abgesicherten Erkenntnisse über Stress verdanken wir dem kanadischen Arzt Hans Selye (*1907). Er hat die moderne Stressforschung begründet. Das Wort Stress kommt aus dem Englischen und bedeutet soviel wie Belastung oder Druck. Stress ist allerdings keine Erfindung unserer Zeit. Unsere steinzeitlichen Vorfahren und Tiere kannten ihn, brauchten ihn zum Überleben.

Man spricht von einem «Kampf- und Fluchtsyndrom». Es bezeichnet die Reaktion des Körpers, wenn gefährliche Situationen auftreten, auf die durch Kampf, Angriff oder Flucht blitzschnell reagiert werden muß. Die Umschaltung auf diesen «Alarm» im Organismus geschieht ohne willentliches Tun. Bei diesen Stressreaktionen werden die aktivierenden Prozesse gesteigert, so zum Beispiel klopft das Herz schneller, der Blutdruck erhöht sich, der Hormonhaushalt paßt sich dieser Situation optimal an, Adrenalin z. B. wird in vermehrtem Maße von den Nebennieren ausgeschüttet. Es ist für die Kampf- und Fluchtreaktion hauptverantwortlich. Die lebenserhaltenden Funktionen, wie zum Beispiel die Verdauung, der Zellaufbau und -Reinigung, werden gedrosselt, um Energien zu sparen und anders einsetzen zu können.

Was geschieht im Körper?

Durch Beschleunigung der Atmung und des Herzschlags wird der Körper mit mehr Sauerstoff (Brennstoff) versorgt. Die Blutverteilung im Körper verändert sich: Haut und Eingeweide werden schwächer durchblutet, und das Blut strömt vermehrt zu den Muskeln. Das erhöht den Muskeltonus – die Grundspannung der Muskeln. Zusätzliche Energiereserven treten in Form von Zucker in das Blut ein. Der Mensch ist verstärkt aufmerksam, das zeigen seine erweiterten Pupillen.

Diese biologisch-chemischen Veränderungen im Organismus in Stresituationen laufen bei den modernen Menschen unseres Industriezeitalters genauso ab. Im Gegensatz zu unseren Vorfahren aber, die sich nach Kampf oder Flucht wieder in einen Ruhezustand begaben, bleibt der moderne Mensch meist in einer Dauerspannung zurück.

Stress als Anpassungskrankheit

Um zu Überleben hat das Individuum zwei Möglichkeiten: den Kampf und die Anpassung. Die Anpassungsfähigkeit des Körpers bzw. die Anpassungsenergie ist begrenzt. Wird diese Energie überzogen, reagiert der Mensch mit Stress-Symptomen. Selye spricht vom Stress als einer Anpassungskrankheit.

In der «Nicht-Anpassung», also in der «Stresserkrankung» liegt allerdings auch eine *Chance*. Der Betroffene muß sein Leben und seine Lebensbedingungen einer kritischen Reflexion unterziehen. Er muß überdenken, wie sein Weiter- oder besser Überleben, aussehen soll. Er muß seine eigenen Möglichkeiten herausfinden Stress auf ein Mindestmaß zu reduzieren. Eventuell bedeutet das, daß er sein Leben total umstellen muß, daß er den Schutz der Anpassung verlassen und den Kampf aufnehmen muß.

War beim Urmensch und Tier Stress zum Überleben notwendig, hat der moderne Mensch kaum mehr Möglichkeiten, diese Alarmbereitschaft des Körpers durch starke körperliche Betätigung auszuagieren. Er bleibt in einem Dauerstress, in einer «Übererregung». Dadurch gerät die feinabgestimmte und komplizierte Körperchemie aus dem Gleichgewicht. Homöostase (griech.: homöo = gleich und stasis = Stand) ist empfindlich gestört. Diese Homöostase kann man als den Idealzustand des inneren und äußeren Gleichgewichts bezeichnen. Sie beinhaltet Stoffwechsel, Atmung, Blutdruck, Temperatur etc. in normaler Stabilität. Psychische und physische Spannungen und Belastungen (Stressoren), die ein normales Maß überschreitende, den Gesamtorganismus schädigende Reize, stellen den Zustand her, den wir als Stress bezeichnen.

Selye unterteilt den Stress in zwei Bereiche. Er spricht vom lebenserhaltenden als dem Eustress (griech.: eu = gut) und dem schädigenden als dem Distress (lat.: dies = schlecht).

Gleiche Stressbelastung wird bei verschiedenen Menschen unterschiedlich wirken. Das ist aber auch davon abhängig, wie sein vegetatives Nervensystem reagiert, ob der Sympathikus oder der Parasympathikus (Vagus) stärker anspricht. Man spricht deshalb von Menschen auch vom Sympathikotoniker oder dem Vagotoniker (siehe auch S. 31).

Es gibt determinierte, konditionierte Faktoren, die von innen, den Erbanlagen, und von außen, wie Geschlecht, Alter, Medikamenten etc. bestimmt werden. Diese Faktoren können die Wirkung des Stress verstärken oder vermindern, wobei sich die Erscheinungsbilder und Symptome gleichen, egal ob der Stress durch äußere oder innere Bedingungen hervorgerufen wird.

Innere Reize, wie uneingestandene Wünsche, Probleme, Sorgen, Ängste und Phantasien, versetzen den Körper in Alarmbereitschaft und lösen all jene Symptome des Kampf- oder Fluchtverhaltens aus, die auch durch «äußere Bedrohung» entstehen. Dieser Stress tritt in jenen Lebenssituationen, ob im Beruf oder im Privatleben, auf, in denen der Mensch einem ständigen Druck ausgesetzt ist, ohne daß er unmittelbar eingreifend etwas verändern kann.

Im Berufsalltag ist die Arbeitsplatzsituation oft «stressig». Das betrifft nicht nur die starke Arbeitsbelastung, sondern auch die zwischenmenschlichen Bedingungen am Arbeitsplatz. Ein schwieriger Vorgesetzter und ein unverträglicher Mitarbeiter können als Stressoren den Berufsalltag zu einem Dauerstress werden lassen.

Eine unbefriedigende Beziehung, aus der sich der einzelne aus vielerlei Gründen nicht lösen kann, birgt ebenfalls die Gefahr eines Dauerstress, eines Distress, in sich. Wenn es dem einzelnen aber möglich ist, im Sinne seiner Interessen zu handeln und damit verändernd in seine Lebenssituation einzugreifen, verschwinden oft sogar spontan die körperlich-seelischen Symptome des Stress.

Zu den häufigsten Krankheiten in unserer Zeit zählen Angstzustände und Depressionen. «Depressive Menschen verfügen über keinen fließenden Energiestrom, über keine Energien». (Lowen)

Die Ursachen für diese sind nicht einfach herauszufinden und damit schwer therapierbar. Die Grenzen der inneren und äußeren Entstehungsbedingungen sind fließend. Da die Wirkungen der herkömmlichen Therapieformen oft begrenzt bleiben, stehen gerade die Betroffenen unter besonders ausgeprägtem Stress. Zu ihrem Primärleiden kommt der Stress als Sekundärleiden hinzu. Ich habe aber in meiner Praxis immer wieder beobachten können, daß sich depressive Zustände oder auch eine Depression nach Zeiten von langem Stress, also von Dauerstress einstellten. In diesem Buch kann leider auf die sehr unterschiedlichen Formen der Depression, so z. B. der endogenen und der exogenen Depression nicht eingegangen werden. Bei all diesen aber geschilderten Leiden ist eine große Lücke in der fachübergreifenden Behandlung zu beklagen. Die notwendige Kooperation zwischen Medizinern, Psychologen, Psychotherapeuten, Sozial-Pädagogen und -Arbeitern findet leider allzu selten statt. Die seelischen Konflikte als Verursacher körperlicher Leiden aufzuspüren kostet viel Wissen, Einfühlungsvermögen und besonders viel Zeit, die in den traditionellen Arztpraxen häufig fehlt.

Die medikamentöse und «technische» Indikation kann deshalb nicht heilen, sondern nur lindern. Eine der häufigsten Diagnosen ist die vegetative Dystonie oder eine «funktionelle Störung», das heißt der Patient ist o. B. (ohne Befund). Es ist keine organische Krankheit diagnostizierbar, obschon der Patient subjektiv lokalisierbare Schmerzen hat.

Die getrennte Heilbehandlung eines Menschen in einem medizinisch-technischen und psychologischen Bereich entspricht nicht der Ganzheit von Körper, Geist und Seele.

Auch in den schwerpunktmäßig sprachlich orientierten Psychotherapien wird der körperliche Bereich meist vernachlässigt. Eine *Ganzheitstherapie*, die Verbindung von Körpertherapie und Gesprächstherapie, wäre dem Menschen adäquat.

Bei einer solchen Ganzheitstherapie ist es möglich, dem Menschen nicht nur über die rationale Ebene Einsicht in die Probleme seines Lebens zu geben, sondern ihn auch über die emotional-körperliche Ebene Erkenntnisse «erleben» zu lassen. Der Mensch lernt seine Beobachtungsgabe für innen und für außen zu schulen. Er vergrößert nicht nur seine Sensibilität, sondern auch seine Erlebnisfähigkeit. Er entdeckt «blinde Flecken» in seinem Selbstbild und wird versuchen sie aufzulösen. Ein entspannter, ausgeglichener, in sich ruhender Mensch fühlt sich «lebendig», fühlt seine Energien frei fließen. Eine pulsierende, vibrierende Lebendigkeit führt zu einem positiv veränderten Verständnis von Gesundheit. Dieses Gefühl von Lebendigsein fehlt vielen Menschen, die unter Stress leiden.

Gesundheit bezeichnet nicht nur das Fehlen von Krankheiten, sondern eben diese vibrierende Lebendigkeit.

Das vegetative Nervensystem

Das vegetative Nervensystem, auch autonomes Nervensystem, ist für alle lebensnotwendigen Funktionen wie Atmung, Kreislauf, Stoffwechsel, Verdauung, Sexualität zuständig. Es reguliert diese und paßt sie den jeweilig entsprechenden Situationen und Bedürfnissen an. Es arbeitet, seinem Namen folgend, autonom = selbständig, ist also nicht von unserem Willen abhängig.

Lange Zeit war man der Meinung, das vegetative Nervensystem sei nur medikamentös zu beeinflussen. Erst durch die Erfahrungen mit Autogenem Training und anderen Entspannungsmethoden konnte man deren positive Beeinflussung wissenschaftlich abgesichert nachweisen.

Es gibt eine enge, wechselseitige Beziehung zwischen seelischen Prozessen und dem vegetativen Nervensystem. Jeder emotionale Zustand wie Freude, Ärger, Leid, etc. löst eine fast gesetzmäßige Reaktion aus und damit verbunden eine Veränderung der vegetativen Funktionen.

Wir kennen den sogenannten «Angstschweiß», eine durch Angst ausgelöste Überproduktion der Schweißdrüsen. Bei Freude dagegen kommt es zu verstärkter Durchblutung der Gesichtshaut, die durch die Erweiterung der Blutgefäße möglich wird.

Das vegetative Nervensystem wird noch einmal unterteilt in das «sympathische» und das «parasympathische». Diese beiden sind Antagonisten, das heißt sie stehen in ihren Auswirkungen im Gegensatz zueinander.

Bei Stress oder Erregungszuständen (freud- oder leidvollen) wird das sympathische und das parasympathische Nervensystem angesprochen, der Sympathikus und der Parasympathikus. Die Aktivierung des einen führt zwangsläufig zu einem Reagieren des anderen. Der Sympathikus fördert «augenblickliche» Arbeitsleistungen, er mobilisiert im Sinne der Selbsterhaltung in der Auseinandersetzung mit unserer Umwelt die notwendigen Energien. Der Parasympathikus dient allen Vorgängen der Erholung und des Aufbaus.

Alle Organe des Körpers stehen in enger Verbindung mit dem vegetativen Nervensystem, dem sympathischen wie auch dem parasympathischen. Die Nervenzentren sind im verlängerten Mark und Mittelhirn. Sie sind Umwandlungsstellen, die sich in Organen und im Rückenmark befinden und mit den Zentren im Gehirn verbunden sind.

Erregungen (Signale) gelangen über Nervenbahnen zu den Steuerungszentren. In diesen Nervenzentren entsteht ein «Bild» vom jeweiligen Zustand des ihm unterstellten Organs. Die Steuerungszentren beeinflussen durch den Sympathikus und den Parasympathikus die Organfunktionen, so daß die günstigste Anpassung an die jeweilige Situation erfolgt.

Für das vegetative Nervensystem sitzt das oberste Steuerungszentrum im Zwischenhirn.

In Stress-Situationen ist die normalerweise harmonische Abstimmung der beiden Antagonisten Sympathikus und Parasympathikus gestört, und das Nervensystem stellt auf «Alarm» um, es kommt zu schädigenden Überproduktionen der Organe. Menschen reagieren auf die gleiche Stress-Situation oft extrem unterschiedlich, was meist auf seine Erbanlagen zurückzuführen ist.

Der Sympathikotoniker
Er wird bei Schreckensnachrichten (akutem Stress) spontan hochspringen, reagieren, im Gegensatz zum Vagotoniker, der diese Nachricht gelassener hinnimmt und sitzen bleibt.

Der Sympathikotoniker neigt zu Unruhe, Nervosität, Unbeherrschtheit und Gereiztheit. Er neigt zu einem Bluthochdruck, leidet oft unter Kopfschmerzen. Er befindet sich häufig in einem Zustand von starker Anspannung (Stress), auch wenn ihm das gar nicht bewußt ist.

Der Vagotoniker
Der Vagotoniker reagiert auf Stress oft in Form von Blutleere im Gehirn. Das kann sich bis zu starker Benommenheit oder zu einer leichten Ohnmacht steigern. Er ist anfälliger für Erkrankungen im

Magen-Darmbereich. Nach außen wirkt er allerdings ruhig und beherrscht.

Beide Typen gibt es natürlich in allen Abstufungen. Mischformen sind häufig. Auch ein Vagotoniker kann – je nach der bestimmenden Situation – sympathikoton reagieren und der Sympathikotoniker umgekehrt, vagotonisch.

Entscheidend bei allen Stress-Situationen ist die Fähigkeit, sich wieder entspannen zu können. Stress selbst ist nicht so gefährlich. Nur wenn es zum Dauerstress, dem Distress, kommt, wird der Organismus durch die ständige Überreizung des Nervensystems und der damit verbundenen Organe geschädigt.

Die Funktionen des vegetativen Nervensystems

	Sympathikus	Parasympathikus (Vagus)
Herz	Herzschlag-beschleunigung	Verlangsamung
Darm	Hemmung der Tätigkeit	Verstärkung der Tätigkeit
Harnblase	Harnverhaltung	Harnentleerung
Geschlechtsorgane	Gefäßverengung	Gefäßerweiterung
Pupillen	Erweiterung	Verengung
Atem	Beschleunigung	Verlangsamung
Luftwege (Bronchien)	Erweiterung	Verengung
Blutdruck	Erhöhung	Herabsetzung
Schweißdrüsen	wenig klebriger Schweiß	viel dünner Schweiß
Speicheldrüsen	wenig zähflüssiger Speichel	viel dünnflüssiger Speichel
Muskeltonus	erhöht	herabgesetzt

Diese Tabelle zeigt, daß der Sympathikus verantwortlich für jedes aktive Handeln ist, für jede Leistung. Er arbeitet im Wachzustand, am Tage mehr als der Parasympathikus (Vagus), der alle regenerierenden und aufbauenden Vorgänge vermehrt in der Nacht regelt.

Was ist gegen Stress zu tun?

In den bisherigen Kapiteln wurde beschrieben, was Stress ist und wie er entsteht. Es wurde deutlich, daß viele Faktoren zusammenkommen, die eigene psychische Biographie, soziale Bedingungen, unter denen ein Mensch lebt und seine Gene, seine ererbte Chromosomenstruktur.

Jeder Mensch ist ein unverwechselbares Individuum, das auch individuell auf Belastungen, wie zum Beispiel auf Stress, reagieren wird. Daher ist es unmöglich, allgemeingültige Patentrezepte zu vermitteln. Jeder Mensch wird herausfinden müssen, was für ihn das «Beste» ist. Was dem einen hilft, kann dem anderen möglicherweise schaden.

Ob man sich in ärztliche Behandlung begibt, eine Psychotherapie beginnt, sein Leben mehr oder auch weniger radikal verändert oder ob man Methoden erlernt, die es einem ermöglichen, sein inneres oder äußeres Gleichgewicht wieder zu gewinnen, muß jedem selbst überlassen bleiben.

Das eine zu tun, heißt nicht, das andere lassen zu müssen. Um in unserer komplizierten Welt zurecht zu kommen, bedarf es oftmals vieler «Hilfen» zu Veränderungen. «Lebensregeln» sind nicht statisch festgeschrieben.

Menschen, die ich kenne, haben ihr Leben verändert,
- als sie ihr eigenes Leben überprüften und erkannten, wo sie überflüssigen Stress abbauen konnten;
- als sie ihre Berufssituation und menschlichen Beziehungen kritisch überdachten;
- als sie nach dem «Sinn» ihres Lebens fragten;
- als sie neue Lebensaufgaben suchten und fanden;
- als sie nach Selbstfindung und -verwirklichung trachteten;
- als sie ihr übersteigertes Leistungs- und Konkurrenzverhalten abbauten;
- als sie lernten, die Meinung anderer Menschen nicht mehr so überaus wichtig zu nehmen;

- als sie ihre Isolation abbauten und mit anderen Menschen mehr Kontakt hatten;
- als sie Methoden erlernten, mit denen sie wieder zu innerer Ruhe und Ausgeglichenheit fanden;
- als sie bei meditativen Übungen neue Erfahrungen durch Bewußtseinserweiterung machten;
- als sie die Kraft des positiven Denkens spürten;
- als sie allem Positiven in ihrem Leben mehr Beachtung schenkten und Negatives nicht mehr überbewerteten;
- als sie aufhörten, sich gegen das Unabwendbare zu wehren, und damit Energien gewannen, die sie befähigten, ein reicheres Leben zu schaffen;
- als sie lernten, zu «leben».

Autogenes Training

Was ist Autogenes Training?

Autogenes Training ist eine Methode der Selbstruhigstellung. Durch Selbst- oder Eigensuggestion wird ein Zustand tiefer Entspannung und Ruhe und damit auch Erholung erreicht. Darüber hinaus ist über das vegetative Nervensystem eine positive Beeinflussung aller Organe möglich.

Autogenes Training oder konzentrative Selbstentspannung ist von dem Berliner Nervenarzt Prof. Dr. J. H. Schultz (1884–1970) entwickelt worden.

«Eine vom Selbst (autos) sich entwickelndes (gen = werden) und das Selbst gestaltendes Üben (Training) soll der Name – philologisch tadelnswert! – kennzeichnen.»[11]

«Konzentrative Selbstentspannung» anstelle des ursprünglichen Begriffes der «auto-suggestiven Selbstentspannung» (nach Prof. Schultz) ist die Lenkung geistiger Sammlung und höchster Aufmerksamkeit auf das körperlich-seelische Geschehen. Dazu sind zunächst die «Einstimmung» und die «Ruhetönung durch Ruheformeln» nötig, die dann den auto-suggestiven Zustand auslösen.

Autogenes Training (AT) ist ein selbständiges, wirkungsvolles Psychotherapieverfahren, das in der Prophylaxe (Vorbeugung), in der Psychohygiene (Seelengesundheitspflege) und in der Therapie (Behandlung) eingesetzt wird. Es ist ein Verfahren, das Kinder (ab ca. 10 Jahren) und Erwachsene, gleich welcher Bildung oder sozialer Herkunft, erlernen können.

---

[11] J. H. Schultz: Das autogene Training. Thieme, Stuttgart 1979

Prof. Schultz griff auf frühere Arbeiten und Untersuchungen von Selbst- und Eigensuggestion zurück.

Versuchspatienten, die sich in einer von ihnen selbst hergestellten Hypnose befanden, beschrieben Gefühle der Schwere, Wärme und Ruhe, ein körperliches Wohlgefühl, das zu einer tiefen Entspannung und Erholung führte.

Schultz erkannte, daß

«das Prinzip der Methode darin gegeben ist, daß durch bestimmte physiologisch-rationale Übungen eine allgemeine Umschaltung der Versuchspersonen herbeizuführen ist, die in Analogie zu den älteren fremdhypnotischen Feststellungen alle Leistungen erlaubt, die den echten suggestiven Zuständen eigentümlich sind.»[12]

Die Erkenntnis, daß die Versuchsperson dieses Wohlgefühl und damit ein verbessertes Allgemeinbefinden selbständig auslösen konnte, offenbarte die Möglichkeit in der Technik des AT, spezifische «Umschaltungen» auszulösen.

Umschaltung

Umschaltung beschreibt die physisch-psychischen Reaktionen auf selbstentspannende (konzentrative oder autogene) Übungen.

Die physiologischen Vorgänge der Umschalterlebnisse sind die Schwere, die durch Muskelentspannung ausgelöst werden, und das Wärmegefühl, das durch eine Gefäßerweiterung und damit verbundene stärkere Durchblutung ausgelöst wird. Diese Vorgänge kann man auf die Formel «Entspannung» bringen, als Beschreibung der physiologischen Veränderungen. Waren diese Erlebnisse früher bei der Hypnose eine Begleiterscheinung, so erkannte Schultz, daß durch systematisches, regelmäßiges Üben die Umschaltung zu einem eigenständigen Faktor wurde. Dies wurde Inhalt und Ziel des Trainings.

[12] Bernt H. Hoffmann: Handbuch des Autogenen Trainings, dtv, München o. J.

Generalisierung

Generalisierung ist eine sich spontan einstellende Erweiterung der Reaktionsbreite bei gleichem auslösenden Moment. (Nach Schultz)

Wird die Schwere zum Beispiel im Arm erlebt, spürt man dieses Schwereerlebnis auch in einem anderen Glied. Unter Generalisierung verstehen wir also zwei Vorgänge:

«Eine Ausweitung von AT-Wirkungen während der Übung und einen Vorgang, der dem allgemein-psychologischen Begriff des ‹Transfers› entspricht, eine Verallgemeinerung also, die sich nicht nur auf den direkten AT-Effekt für die Dauer der Übung bezieht, sondern zeitlich von ihm abgetrennt sein kann.»[13]

Transfer

Transfer ist das Übertragen von Fertigkeiten oder Verhaltensweisen auf andere Situationen.

Lokal begrenzte Entspannung führt immer auch eine vegetative Entspannung herbei und entspannt damit das ganze Nervensystem.

Hat nun der Übende einen bleibenden Erfolg, so wird er dieses positive Erlebnis in seine Lebenseinstellung und Grundhaltung integrieren können.

Autogenes Training und Schlaf

Der Vergleich mit dem Phänomen Schlaf drängt sich auf. Während des Schlafs werden die physischen und psychischen Abläufe des Organismus beeinflußt und verändert.

Kreislauf, Atmung, Drüsentätigkeit, Stoffwechsel, Muskel-

---

[13] Hoffmann, a. a. O.

und Nerventätigkeit verändern sich. Der Blutdruck sinkt, das Herz schlägt langsamer, die Atmung vertieft und verlangsamt sich, der Muskeltonus erschlafft, und die Nervenfunktion setzt das Bewußtsein (das Tages- und Wachbewußtsein) außer Funktion.

Der Schlafende hat keine Verbindung mehr zu seiner «Außenwelt». Er nimmt keine äußeren Sinnesreize mehr wahr. Sein Organismus ist auf «Energie sparen» eingestellt, er entspannt und erholt sich.

Der grundlegende Unterschied zum AT ist, daß der Schlaf nur herbeigeführt werden kann, wenn man das «Wollen» ausschaltet. Der Schlaf wird durch passives Verhalten erzeugt, die Umschaltung des AT durch aktives.

Die Grundlage jeder erfolgreichen medizinischen und psychotherapeutischen Behandlung ist die Mitarbeit des Patienten. Aus dieser Erkenntnis entwickelte Schultz die Methode der «Selbstbeeinflussung».

Tonus

Tonus ist die vom Nervensystem her gesteuerte Spannung des Gewebes, insbesondere der Muskeln.

Der Mensch lebt nur dann gesund, wenn der Wechsel von Spannung und Entspannung in seinem Organismus befriedigend abläuft. Nach einer aktiven Phase der Spannung muß die passive Phase der Entspannung folgen. Bei den vielen stressgeschädigten Menschen in der heutigen Zeit gelingt eben dieses notwendige Wechselspiel nicht mehr. Es kommt zu Dauerspannungszuständen, zu Dauerstress.

Diese Spannung löst sich auch nicht im Schlaf ausreichend auf. Der Mensch nimmt seine Probleme und Sorgen mit in den Schlaf. Auch im Schlaf ist er muskulär verspannt, sein Muskeltonus ist erhöht. Er wacht morgens wie zerschlagen auf und fühlt sich nicht wirklich erholt.

Eutonus bezeichnet ein ausgewogenes Verhältnis aller organischen Funktionen. *Hypertonus* beschreibt zuviel, *Dystonie* zu wenig Spannung.

AT ist eine Hilfe bei der Wiederherstellung eines ausgeglichenen Zustandes.

AT gehört zu den «stützenden» Psychotherapieverfahren. Zu der Vermittlung der Übungstechnik gehört das beratende, aufklärende und somit «therapeutische» Gespräch. Die Verbindung von AT mit einer Gesprächstherapie, abgerundet durch Körper- und Atemtherapie, ist eine Form der Ganzheitstherapie, die in der Lage ist, den Menschen in seiner Ganzheit von Körper, Geist und Seele zu erfassen und zu behandeln.

Diese Ganzheitstherapie ist für Psychosomatisch- und Stresserkrankte eine wirksame Hilfe.

Lernen in der Gruppe oder allein?

Autogenes Training sollte man nicht im Alleingang erlernen. Zunächst schon ist die erste Fühlungnahme mit AT nicht einfach. Es gibt viele Bücher und Materialien, die jedoch recht unterschiedlich in Auffassung und Qualität sind. Der Laie kann sie nicht beurteilen, da ihm die Kriterien fehlen. Die unterschiedlichen Informationen sind so zahlreich, daß er sehr viel Zeit brauchte, um sie alle zu studieren. Was aber viel schwerer wiegt, sind die Unsicherheiten und auch Fehler, die sich einschleichen können. Erhält der Übende keine Deutung oder Erklärung bei Irritationen, resigniert er bald und wird abbrechen. Bei der medizinisch-therapeutischen Anwendung von AT sind die physisch-psychischen Abläufe und Veränderungen im Organismus so vielfältig, daß hier ein umfassendes Wissen vorausgesetzt werden muß. In einer Gruppe verfügt der Trainer über dieses Wissen und Verständnis. Seine Erfahrung und sein einfühlsames Verhalten ist von großem Nutzen. Er wird Fragen beantworten können und so Verunsicherungen und auch Ängste abbauen.

Die meisten Mitglieder einer AT-Übungsgruppe haben ähnliche Motivationen und Erwartungen, Störungen und Symptome. Diese gemeinsame Erfahrung baut bei vielen das Gefühl des persönlichen Versagens ab. Die Gruppe wird zu einer Solidargemeinschaft. Ihr emotionales Klima, die «Kultur» einer Gruppe (Prof. H. Argelander) hat einen hohen Verstärkungseffekt. In einer Gruppe läuft sehr bald ein gruppendynamischer Prozeß ab. Die Gruppenmitglieder haben zueinander und zu dem Gruppenleiter ein emotionales Verhältnis, das stark durch «Übertragungstendenzen» geprägt wird. Übertragung ist ein psychoanalytischer Begriff und beschreibt die Wiederbelebung und Wiederholung frühkindlicher – emotionaler – Gefühle und auch Bindungen an die Eltern oder andere Bezugspersonen.

In einer demokratischen (im Gegensatz zu einer autoritären) Gruppe bleibt die Selbstbestimmung und -verfügung des einzelnen Teilnehmers weitgehend erhalten. Leider ist das nicht in allen Gruppen der verschiedensten Institutionen selbstverständlich. Viele Gruppen sind zu groß, meist aus Gründen der «Wirtschaftlichkeit». In solchen Gruppen ist die persönliche Erfahrung und Reflexion mit Hilfe des Trainers nicht möglich. Der Führungsstil und auch das fachliche Vermögen vieler Kursleiter ist oftmals ungenügend.

AT ist ein pragmatisches (sachliches, auf Erfahrungen beruhendes) Verfahren. Es ist frei von Ideologien, es beruht ganz auf medizinisch-physiologischen Erkenntnissen, die nachprüfbar und beweisbar sind. Aber jedes System ist nur so gut wie sein Interpret. In der Vermittlung der AT-Technik ist jedes «mystifizierende» Zusatzmittel überflüssig. AT ist klar gegliedert, überschaubar und funktional strukturiert.

Bedenken gegen ein Alleinlernen bestehen nur gegenüber dem AT. Atemübungen und Atemgymnastik kann man gut allein trainieren. Die Erfahrungen, die man allein mit den meditativen Übungen machen kann, sind vielleicht noch intensiver als in einer Gruppe, da man von Zeit und «Schwingungen» anderer unabhängiger ist.

Methodischer Aufbau
des Autogenen Trainings

Die Unterstufe besteht aus den *Schwere-* und *Wärmeübungen*, den *Organübungen* und den *formelhaften Vorsätzen*.

Der «Einstieg» zu jedem Training ist die Einstimmung und die Ruhetönung. (Siehe Seite 51)

Manchen Menschen fällt es schwer, bei den ersten Übungen, die Augen geschlossen zu halten. Die Augen flattern und zucken so stark, daß keine Konzentration auf die Übungen möglich ist. Bei solchen meist nur anfänglichen Schwierigkeiten läßt man die Augen offen. Man kann einen Punkt vor sich fixieren und bemerkt dann, daß die Augen irgendwann ohne eigenes Zutun zufallen.

Die in diesem Buch beschriebenen Übungen beruhen auf der ursprünglichen Konzeption von Dr. J. H. Schultz. Sie sind aber darüber hinaus erweitert und modifiziert worden. Diese hier angegebene Form des AT verläuft mehr über eine Methode der Sensibilisierung und weniger über die der starken Suggestion.

Diese Form der körperlichen Wahrnehmung, einer autogenen Sensibilisierung, führt die «Umschaltung» oft schon vor dem eigentlichen AT herbei. Der größte Vorteil ist, daß der Übende unabhängiger von dem Trainer wird. In den Kursen erlebt der Übende die Wirkung des AT unter der suggestiven Vermittlung des Trainers meist viel intensiver als beim häuslichen Üben. Es fehlen ihm die Person und Stimme des Trainers und die anderen Gruppenmitglieder. Die Gruppe hat auch die Funktion eines «Verstärkers». Diese Abhängigkeit wird vermindert durch die Methode der stärkeren Sensibilisierung, der intensiven und bewußten Wahrnehmung des eigenen Körpers und des Geschehens in ihm.

Übungsdauer

Am Anfang eines AT-Trainings reichen etwa 3 bis 5 Minuten für eine Übung aus. Nach einigen Übungen steigert sich die Dauer auf etwa 10 bis 15 Minuten. Bei vollständiger Beherrschung des AT können Sie die Übungen bis zu einer halben oder ganzen Stunde ausdehnen.

Das Maß aber bestimmt jeder für sich allein. Jeder Mensch wird unterschiedlich reagieren und unterschiedliche Erfahrungen machen. Hier kann es keine allgemeingültige Norm geben, nur Erfahrungswerte.

Sie üben, solange Sie sich wohlfühlen. Das richtet sich auch nach der jeweiligen Stimmungslage und Befindlichkeit.

Wann und wie üben?

Auch hier kann es keine festen Normen geben. Übungshaltungen, Zeitdauer der Übung, Räumlichkeiten und Zeiteinteilung sollten individuell gehandhabt werden.

«Richtig» ist immer das, was Ihnen am besten bekommt, bei dem Sie sich am wohlsten fühlen und am besten entspannen können.

Sie werden sich am Anfang noch fester an die Regeln halten, mit der Zeit und mit mehr Sicherheit aber Ihre ganz persönliche Übungsform finden.

Ein ruhiges Zimmer ist allerdings in jedem Falle zu empfehlen. Durch die erhöhte Sensibilität, besonders am Anfang, erlebt man auch vertraute Geräusche lauter und störender. Mit der Zeit erreichen Sie eine größere Gleichgültigkeit gegenüber den Außenreizen, die kaum mehr in der Tiefenentspannung stören.

Irritationen oder Störungen während der Übungen

Die meisten Menschen, die sich zum erstenmal mit AT beschäftigen, wissen nur wenig oder gar nichts über diese Selbstentspannungsmethode, und deshalb ist ihr Interesse oder auch Neugierde oft mit Unsicherheit und Unruhe verbunden.

Es ist immer wieder erstaunlich, mit welchen Vorurteilen, auch bei Medizinern, AT noch immer begegnet wird. Der Verdacht von etwas «Magischem» hängt dem AT noch immer an. Dieser Verdacht und die Angst vor der eigenen unbekannten Reaktion darauf löst bei vielen Interessenten ambivalente Gefühle aus. Auf der einen Seite möchte man AT als Hilfe gegen allerlei Beschwerden erlernen, auf der anderen Seite ist eine Angst vor Unbekanntem spürbar.

Mit dieser Ambivalenz muß der Trainer umgehen, auch ihm bringt man zwiespältige Gefühle entgegen. Er spürt Interesse, aber auch Abwehr.

Diese innere Spannung des Übenden wirkt sich auf seinen vegetativen Tonus aus. Viele in der Gruppe schwitzen, sind blaß, fühlen sich sehr nervös und zeigen dies alles in einer ge- und verspannten Körperhaltung. «Sie halten sich fest.»

Man ist sehr auf die erste Übung, auf die erste Erfahrung mit AT gespannt. Die Reaktionen sind sehr unterschiedlich. Ein Teil der Gruppenmitglieder berichtet fast enthusiastisch über ihre erste Erfahrung, andere bemerkten «rein gar nichts». Wiederum andere klagen über verstärkte Unruhe, leichten Schwindel, Benommenheit, auch über Kopfschmerzen.

Das erste tiefe Entspannungserlebnis bedeutet einen großen Eingriff in das vegetative Gleichgewicht. Dieses kann zunächst irritiert werden. Im Verlauf weiterer Übungen, wenn ein *neues* Gleichgewicht erworben worden ist, treten die Anfangsprobleme nicht mehr auf.

Der Blutdruck sinkt erheblich während der Übungen, was sich auf Menschen mit labilem Kreislauf besonders heftig auswirkt. Bei diesen Reaktionen ist eine kräftige «Zurücknahme» angebracht. Blutdruck und Kreislauf werden dadurch wieder angeregt und normalisiert.

Es kommt bei ersten Übungen auch zu einer verstärkten inneren und äußeren Unruhe; der Übende möchte am liebsten aufstehen und aus dem Raum gehen. Diese Impulse sollte man nicht unterdrücken. Versuchen Sie nie, eine Übung zu erzwingen. Wird es unbehaglich, hört man mit einer kräftigen Zurücknahme auf.

Kribbeln in den Gliedmaßen, verstärktes Herzklopfen, Jucken, Schwitzen und andere Erscheinungen beunruhigen den Übenden. Er ist recht erleichtert, wenn andere Gruppenmitglieder ähnliche Symptome beschreiben und er vom Trainer hört, dies alles seien «normale» Anfangsreaktionen.

Ein anderes Symptom sind Muskelzuckungen, die man auch beim Einschlafen erlebt. Luthe spricht hier von «autogenen Entladungen».

Wenn durch eine Entspannungsübung (oder bei schnellem Einschlafen) ein starker Spannungszustand aufgehoben wird, werden solche «Entladungen» spürbar. Auf diese Weise wird überschüssige Spannung abgebaut. Je schneller eine autogene Umschaltung erfolgt, je heftiger wird die Entladung überschüssiger Spannung erlebt. Der Organismus reagiert auf die ihm ungewohnte Situation mit recht unerschiedlichen Symptomen, die alle im Verlauf des Trainings verschwinden. Treten weiterhin unbehagliche und störende Reaktionen auf, ist der Rat eines Arztes unbedingt einzuholen.

Es kommt auch zu Erscheinungen im physiologischen Bereich. Die Finger schwellen an, man hat das Gefühl «eines Zerfließens der Hände». Dies sind Folgen der Erweiterung der Blutgefäße. Der Puls ist oftmals in den Fingerspitzen zu spüren. Aber nicht nur dort, er ist an vielen Stellen des Körpers wahrnehmbar.

Es sind häufig «rumpelnde» Magen- und Darmgeräusche zu hören. Durch die Entspannung lockert sich die Magen- und Darmmuskulatur, und die Darmperistaltik wird angeregt. Die Übenden sind in den Gruppen dann immer recht geniert, was ihre Entspannung nicht fördert.

Dies ist die vegetative Reaktion der Organe durch die Generalisierung (siehe S. 37).

Auch neurotische Reaktionen können während der Übung auftreten, so z. B. unbewußte Abwehr und Ablehnung des AT.

Dafür gibt es viele Ursachen:

Der Übende hat ein belastendes Symptom, das er mit Hilfe des AT beseitigen will. Aber in seinem Unterbewußtsein hat dieses Leiden oder Symptom eine überaus wichtige Funktion. Vielleicht wird ihm über dieses Leiden oder Symptom die Zuwendung ihm wichtiger Menschen gegeben. Vielleicht wird er dadurch «wichtig» für andere. Er bekommt eine Bedeutung, die er ohne das Leiden nicht hat oder glaubt, nicht zu haben. Oft sind diese Leiden «Krücken» für den Betreffenden. Werden sie ihm aus der Hand genommen, kann er zunächst nicht mehr laufen. Das macht Angst. Bei solchen Erscheinungen ist psychotherapeutische Hilfe angebracht.

Es gibt auch «Herz-Angst-Material» in der psychischen Struktur des Übenden, das sich in unangenehmen Herzempfindungen äußern kann.

Störungen in der Sexualität zeigen sich meist im Genitalbereich. Der gesamte Unterleib wird als Tabuzone betrachtet, oft überhaupt nicht wahrgenommen, auch nicht in die Übungen miteinbezogen.

Auch jeder zu hohe Anspruch auf Erfolg, das Erzwingenwollen, führt zu Lernblockaden. Hier kommt es zu vielen «Aussteigern» in den Kursen.

All diese Irritationen oder Störungen zeigen deutlich, daß vor dem Alleinüben nur gewarnt werden kann. Die erste Kontaktaufnahme mit AT sollte immer unter der erfahrenen Leitung eines Trainers geschehen. Diese Trainer sind meistens Ärzte, Psychologen, Psychotherapeuten, Sozialarbeiter oder -pädagogen mit Ausbildung in Autogenem Training.

Entladungen bei der Schwereübung in Prozent
(Bernt Hoffmann – Nach W. Luth)[14]

Somatomotorische Entladungen bei der Schwereübung:

1. Muskelzuckungen	75
Kopfbereich	34
Arme	49
Rumpf	19
Beine	54
2. Zittern (gesamt)	29
3. Unwillkürliche Bewegungen (gesamt)	32

Somatosensorische Entladungen und Begleiterscheinungen bei der Schwereübung:

Kribbeln	84
Kreislaufempfinden	65
Schmerzhafte Empfindungen	73
Taubheitsgefühl	63
Spannungsgefühl	63
Druckempfinden	46
Kälteempfinden	42
Elektrische Empfindungen	26
Steifheits-Unbeweglichkeitsempfinden	24
Brennen	19
Schwellgefühl	34
Jucken	40
Bewegungsbedürfnis	7
Unangenehme Gefühle (unspez.)	19
Abtrennungsgefühl von Körperteilen	28
Lageveränderungsgefühl	32
Körperschemaveränderungen	19

[14] Hoffmann, a. a. O.

Formelhafte Vorsatzbildung

Formelhafte Vorsätze sind ein wesentlicher, therapeutischer Bestandteil des AT.

Es sind autosuggestive Formeln, die nach dem Ablauf der Schwere- und Wärmeübungen «einverleibt» werden. Für jedes Problem, das man mit Hilfe eines formelhaften Vorsatzes lösen will, muß man seine ganz «persönliche» Form entwickeln, das betrifft sowohl den Inhalt als auch die Worte, aus denen der Vorsatz besteht. Dieser wird «vorsätzlich» während des AT, bzw. nach der Übung gedacht. Es gilt immer nur *eine* Formel für *ein* Problem. Nie zu gleicher Zeit mit mehreren Formeln experimentieren. Durch ein intensives Vorstellen des Formelinhaltes kommt es durch das nicht-willentliche *Geschehenlassen* zu einer Formelwirkung.

Ein Beispiel ist die sogenannte «Kopfuhr». Menschen, die über sie verfügen, wachen zu einer von ihnen gewünschten Zeit auf. Man nennt es auch «Terminerwachen».

Der formelhafte Vorsatz ist wie ein Code, der ins Unterbewußtsein während der Tiefenentspannung eingegeben wird, und von dort aus das gewünschte Verhalten mitbestimmt.

Vorsätze werden immer in eine positive, bejahende Form gekleidet, nie in eine Verneinung. Die Begriffe «nicht» oder «nein» dürfen nicht vorkommen.

Man kann mit Vorsatzformeln keine großen, zum Beispiel echten neurotischen Probleme beseitigen. So läßt sich eigenes, nicht akzeptiertes Verhalten nicht mit Formeln verändern. Dazu ist eine Psychotherapie nötig. Aber kleine, ja kleinste Schritte hin zur Veränderung durch ständige Selbstkontrolle- und überprüfung werden das Verhalten positiv beeinflussen und auch verändern. «Die Lösung eines kleinen Problems, eines Teilproblems, ist auch die Teillösung des großen Problems.»[15]

[15] Hoffmann, a. a. O.

Formelhafte Vorsätze sind keine «Suggestiv-Pillen». Sie sind eine Hilfe bei dem nie endenden Weg zur Selbstfindung und -verwirklichung. Auch bei den formelhaften Vorsätzen darf man nichts erzwingen wollen. Mit dem Erzwingenwollen macht der Übende unter Umständen schon sein Mißtrauen deutlich, verursacht er einen Mißerfolg. Obwohl er sich etwas wünscht, fürchtet er, daß es vielleicht doch nicht eintreten könnte. Hier sind paradoxe Formeln hilfreicher.

Ein Beispiel: Bei einer Einschlafstörung ist der Vorsatz «Schlaf gleichgültig» wirksam, nicht aber der Vorsatz «Ich will schlafen». Das Genießen der Ruhe in der Nacht, die Gleichgültigkeit dem Wachsein gegenüber läßt den auf den Schlaf «Wartenden» bald einschlafen.

Wachsein beinhaltet auch kreative Momente.

Nur in der Stille kann man hören.

In der Stille der Nacht können Sie über Dinge nachdenken, die Ihnen in der Hektik des Tages nicht in den Sinn kommen. Die Nacht kann Geborgenheit vermitteln. In der Stille können Sie sich und Ihrem Selbst besser nachspüren, Ihre Wünsche und Bedürfnisse erkennen, Lösungen für Konflikte und Probleme entwickeln, die im unruhigen Alltag unmöglich zu finden sind. Vieles wird klarer, sichtbarer, da alle Außenreize und Ablenkungen ausgeschaltet sind. Wachsein ist also auch als angenehmer Zustand zu betrachten, als Gewinn an Zeit, die einem ganz persönlich gehört. Nichts und niemand stellt Forderungen.

Eine positive Einstellung zum Wachsein hat vielen Menschen wieder zu einem befriedigenden Schlaf verholfen. Dies sind auch erste Schritte zu einer Selbstakzeptanz, zur Selbstannahme.

Vorschläge für formelhafte Vorsatzbildung

Die formelhaften Vorsätze als Selbstsuggestion sollten kurz, positiv und unmittelbar im «Jetzt und Hier» gefaßt werden.

Die folgenden Vorschläge sind nur Beispiele. Sie sollten Ihre Formeln für das jeweilige Problem am besten selbst finden, Ihre eigene Sprache für Ihr persönliches Anliegen.

Schmerz ist gleichgültig
Ich bin müde – schlafe gut
Schlaf gleichgültig
Ich schlafe gut die ganze Nacht
Ich schlafe tief und fest
Meine Haut ist rein und fein
Mein Bauch ist warm und wohl
Mein Sonnengeflecht ist strömend warm
Ich bin ruhig und gelöst
Ich bin ruhig und lasse los
Ich fühle mich frei
Ich bin mutig
Ich schaffe es
Ich glaube an mich
Ich fühle mich wohl
Ich löse mein Problem

Ich denke positiv
Ich bin satt und fühl mich wohl
Ich bin ruhig und gelassen
Mein Kopf ist angenehm leicht und frisch
Ich nehme es leicht
Meine Hände sind ganz warm
Meine Füße sind ganz warm
Mein Körper ist ganz warm
Mein Atem strömt durch den ganzen Körper
Ich habe Kraft und Energie
Ich nehme es mir heute vor
Ich räume auf
Ich tu es
Ich löse mein Problem
Ich glaube an mich, ich schaff es.

Unterstufe des Autogenen Trainings

Übungsüberblick

1. Einstimmung und Ruhetönung	– Körpergefühl entwickeln Körper «spüren» – Ruheformel
2. Schwereübung	– durch Muskelentspannung
3. Wärmeübung	– durch Gefäßentspannung und -erweiterung
4. Atemübung	– Atemlenkung
5. Herzübung	– Regulierung der Herztätigkeit
6. Sonnengeflechtsübung	– Regulierung der Bauchorgane
7. Kopfübung	– Stirnkühlung
8. Zurücknahme	– nach der Übung notwendige Aktivierung von Blutdruck u. Kreislauf

1. Einstimmung und Ruhetönung

Fangen Sie nie zu üben an, wenn Sie besonders müde oder abgespannt sind. Auch wenn Sie aufgeregt oder erregt sind, sollten Sie als Anfänger nicht mit einer Übung beginnen. Der Wille es zu schaffen ist dann zu stark und steht jedem Erfolg im Wege. Je wohler Sie sich fühlen, desto leichter erlernen Sie AT. Im Urlaub, auch wenn das etwas merkwürdig klingt, kann man sehr gut AT erlernen oder üben.

Als erstes nehmen Sie eine Ruhestellung ein, im Sitzen oder im Liegen. Sie schließen die Augen. Mit geschlossenen Augen können Sie sich besser konzentrieren, schalten Außenreize aus und können sich auf Ihre inneren Vorgänge einstellen. Ein «Nach-innen-Sehen» wird dadurch erleichtert. Ein geübter Trainierender kann auch mit offenen Augen üben. Fällt es Ihnen jedoch am Anfang zu schwer, die Augen zu schließen, lassen Sie sie offen, bis sie von allein zufallen.

Sie konzentrieren sich zunächst ganz auf Ihren Körper. Sie versuchen, ihn bewußt wahrzunehmen. Sie «spüren» und «fühlen» Ihren Körper. Sie sind «Körper».

Vor der Übung stellen Sie alle vermeidbaren Störquellen ab (Telefon, Klingel, etc.). Sie schaffen sich eine «Insel der Ruhe». Sie schließen die Augen und können sich so besser konzentrieren.

Eine Entspannungshaltung ist der erste Einstieg in das AT und gehört zur Einstimmung. Sie beginnen mit einer dynamischen Übung: ein kräftiges Recken oder Strecken ist ein guter Start zu einer Ruheübung, da so die Muskelanspannung abgebaut werden kann.

Sie versuchen Ihren Körper ganz bewußt und intensiv wahrzunehmen. Sie spüren den Kontakt zum Boden (Liege, Stuhl etc.) und zu sich selbst. Sie fühlen sich «körperlich».

Die erste Formel ist: Ich bin (ganz) ruhig. Diese Formel hilft zur Ruhigstellung im körperlichen und seelischen Bereich. Sie drückt keinen Befehl aus, Sie warten auf die Ruhe. Es ist die *Ruhetönung*. Sie wird als Ruheerlebnis «erlebt», empfunden. Es ist die Einstimmung auf das kommende Geschehen.

Sie denken die Formel: ich bin (ganz) ruhig, mehrere Male vor sich hin. Sie können sich der Vorstellung eines Spruch- oder Filmbandes bedienen, das vor Ihrem inneren Auge abläuft. Die «Ruhetönung» ist im psychoanalytischen Sinn ein *Regressionsvorgang*. Die äußere Objektwelt ist weitgehend ausgeschaltet, der eigene Körper wird zum eigentlichen Objekt.

«Der Übende erlebt sich in einer therapeutischen Ich-Spaltung. Er ist ein beobachtend-registrierendes Subjekt und ein beobachtetes Objekt.»[16]

Sie beobachten sich selbst und erkennen sich dabei. Sie beobachten all Ihre Gedanken und auch Gefühle. Sie lassen alle Gedanken, auch die, Sie bedrängenden, zu.

[16] Hoffmann, a. a. O.

Manchmal kommen alte, fast vergessene Erinnerungen auf, dann wieder schieben sich Alltagsprobleme in den Vordergrund. Gedankenfetzen schwirren durch den Kopf, alles wird zugelassen. Sie lassen es geschehen, ohne gegenzusteuern. Nach einigen Übungen läßt diese manchmal störende Gedankenflut nach. Es wird stiller in Ihnen, ruhiger. Gedanken kommen und gehen, aber sie belasten und stören nicht mehr.

Irgendwann erleben Sie die «Leere», das völlige Abschalten aller Reize von außen und innen. Eine große Gelassenheit und Ruhe ist «fühlbar». Viele Menschen erleben das zum erstenmal so intensiv. Sie haben verlernt und schließlich vergessen, was Ruhe und tiefe Entspannung heißt.

Regelmäßiges und systematisches Üben täglich möglichst zur gleichen Zeit ist der wichtigste Weg zum Erfolg. Dabei können Sie die Übungen abwechselnd im Sitzen und im Liegen machen. Lieber jeden Tag nur einmal, als alle paar Tage mehrmals am Tag.

Vor dem Einschlafen ist AT besonders einfach zu üben. Das Hinwenden auf AT schaltet alles Tagesgeschehen aus, es gleicht einer Meditation, ein zu sich selbst kommen, zu einer Insel der Ruhe. Nicht nur die Übungen gelingen besser, auch die Schlafqualität verbessert sich erheblich.

Die moderne Schlafforschung hat aufgezeigt, daß häufig die Tiefschlafphasen zu kurz sind, um eine wirkliche Regeneration und Erholung zu ermöglichen. Durch Schlafmittel werden die wichtigen Traumphasen ausgeschaltet, die ein Verarbeiten vieler aktueller und tieferliegender Probleme und Konflikte zulassen. Ohne Schlafmittel ist das Einschlafen bald gar nicht mehr möglich.

Bei konsequentem Üben können Sie Schwere und Wärme in sehr kurzer Zeit selbst hervorrufen und ohne Probleme einschlafen. Sie werden feststellen, daß es Ihnen nun fast zu einem Bedürfnis wird, täglich zu üben. Disziplin beim täglichen Üben ist für das Erlernen von AT außerordentlich wichtig.

Einstieg: Sie fühlen Ihren Körper ganz bewußt und intensiv
Sie fühlen sich auch «körperlich»
Sie fühlen den intensiven Kontakt zum Boden (Bett, Liege oder Stuhl).

Formel: Ich bin ruhig
oder
Ich bin ganz ruhig

Beim Einatmen «ich bin» denken, beim Ausatmen «ruhig»
oder
beim Einatmen «ich bin» denken, beim Ausatmen «ganz ruhig».

2. Schwereübung

Die ersten konzentrativen Übungen sind die Schwereübungen. Sie beginnen mit der rechten (als Linkshänder mit der linken) *Hand*. Sie nehmen die Hand ganz bewußt und intensiv wahr; die Hände liegen bei dieser Vorstellung ganz locker und entspannt auf den Oberschenkeln. Sie spüren, wie sie auf dem Oberschenkel liegt, fühlen jeden einzelnen Finger im Kontakt zu diesem. Die Finger und die Hand spüren, fühlen förmlich die Haut oder den Stoff der Bekleidung. Dieses «Fühlen und Spüren» geschieht einzig durch die konzentrative Vorstellung: es ist unnötig, dieses «Fühlen und Spüren» durch vermehrten Druck der Hand und der Finger auf den Oberschenkel herzustellen. Nach diesem Wahrnehmen und Fühlen der Hände denken Sie die Formel: die Hand ist schwer.

Die Konzentration und Wahrnehmung auf die Hand löst fast automatisch die Muskelentspannung aus. Durch die Vorstellung wird Schwere zur Muskelentspannung.

Es treten bei der Schwereübung auch schon Wärmeerlebnisse auf.

Einstieg: Ich nehme meine Hand ganz intensiv und bewußt wahr.
Formel: die rechte (linke) Hand ist schwer
die rechte (linke) Hand ist ganz schwer
Formel: die Hände sind (ganz) schwer
Formel: die Arme sind (ganz) schwer
Formel: Hände und Arme sind (ganz) schwer

Nach der Entspannung von Händen und Armen wird der *Nacken-* und *Schulterbereich* angesprochen.

Viele Menschen leiden unter starken Verspannungen im Nakken-, Schulter- und Rückenbereich. Durch eine einseitige, meist sitzende Berufstätigkeit, besonders bei der heutigen Bildschirmarbeit, kommt es zu Belastungen der Hals-, Nacken-, Schulter- und Rückenmuskulatur.

Aber auch seelische Belastungen wirken sich in muskulärem Verspanntsein aus. An der Körperhaltung eines Menschen lesen wir viel von seiner psychischen Befindlichkeit ab. Die «innere» Haltung eines Menschen überträgt sich auf seine «äußere» Haltung. Menschen, die in ihrem inneren Gleichgewicht sind, halten auch ihr äußeres. Dadurch, daß sie die äußeren Verkrampfungen lösen, wirken sie fast synchron auch auf die inneren ein.

Auch hier geht man zunächst mit der Wahrnehmung dieses Bereichs vor.

Einstieg: Sie fühlen ganz bewußt und intensiv Ihren Nacken und die Schultern.
Formel: Nacken und Schultern sind (ganz) schwer.

Als nächstes werden die *Füße* und *Beine* angesprochen, zunächst wieder über die körperliche Wahrnehmung und dann durch die Formel.

Einstieg: Die Füße haben guten Kontakt zum Boden.
Sie nehmen Ihre Füße ganz bewußt und intensiv wahr.
Sie «fühlen» Ihre Füße und Beine.

Formel: Die Füße sind (ganz) schwer.
Formel: Die Beine sind (ganz) schwer.
Formel: Füße und Beine sind ganz schwer.

Als letztes sprechen Sie den *ganzen Körper* an.

Einstieg: Sie spüren Ihren ganzen Körper bewußt und intensiv.
Formel: Der ganze Körper ist (ganz) schwer.
      Der Körper ist schwer, gelöst und entspannt.

Nach einigem Üben greift die Schwere ganz automatisch, ohne eigenes Zutun, auf andere Körperbereiche über. Dies ist die Generalisierung (siehe S. 37). Wenn Sie sich das bewußt machen, wenn Sie sich der ganzkörperlichen Schwere sicher sind, wird auch dieses Bewußtsein zu einem zusätzlichen Suggestivfaktor. Sie erwarten die Schwere (oder Wärme) und sehen sich durch das Eintreten bestätigt.

Nun wird das *Gesicht* in die Entspannung miteinbezogen. «Das Gesicht ist der Spiegel meiner Seele.» Die meisten Menschen tragen ihr Gesicht wie eine Maske, sie trauen sich kaum, ihr «wahres» Gesicht zu zeigen. Gefühle spontan mimisch zu äußern ist etwas, was nur wenige Menschen zulassen können. Die Gefühle unter Kontrolle zu haben, ist ein Erziehungsziel unseres Kulturkreises. Auch heute gilt es noch für wichtig, sein Gesicht nicht zu verlieren! Ein «Pokerface» machen zu können, scheint uns erstrebenswert; es beschreibt das ausdruckslose Gesicht, das Gesicht, an dem man keine Gefühlsregungen ablesen kann, ein «gefühls-leeres» Gesicht. Bei Männern ist das besonders ausgeprägt. Sie glauben, ihre Männlichkeit durch eine be-herr-schte Miene beweisen zu müssen.

   Die Gesichtsmuskulatur wird durch die Unterdrückung von Emotionen mit der Zeit starr.

   Besonders unsichere und wenig selbstbewußte Menschen verfügen über keine sehr variable Gesichtsmimik. Ein entspanntes Gesicht ist meist ein freundliches, ansprechendes Gesicht, dagegen ein ge- oder verspanntes ein abweisendes.

Bei den ersten Gesichtsübungen kommt es häufig zu «Sensationen» bei den Übenden. Menschen «fühlen» zum erstenmal «ihr» Gesicht.

Bei der Entspannungsübung fühlen sie zunächst einmal eine starke Verspannung, die sie bisher noch nicht bewußt wahrgenommen hatten. «Es ist, als hätte ich eine Folie von meinem Gesicht abgezogen», beschrieb eine Teilnehmerin ihr Gefühl während der Übung. «Ich hatte das Gefühl, es fallen ganze Brocken von meinem Gesicht ab», sagte ein Teilnehmer.

Es gibt auch Menschen, die nicht «loslassen» wollen oder können.

«Ich habe bei der Entspannung gedacht, wie unschön Menschen (ich) mit offenem Mund aussehen (aussehe)», gestand eine Teilnehmerin und bekannte ihren Widerstand gegen die Entspannung.

Es ist immer wieder zu beobachten, wie schön entspannte Menschen sind. Sie lächeln, ohne sich dessen bewußt zu werden.

Innere Spannungen zeigen sich auch bei nächtlichem Zähneknirschen, das auch eine Ursache für die gefürchtete Paradontose ist. Es zeigt eine «Ver-bissenheit», die nicht einmal der Schlaf auflöst.

Um (wieder) zu einer lockeren Gesichtsmuskulatur zu kommen, zu einer lebendigeren Mimik, ist das «Loslassen»-können wichtig.

Einstieg:	Mein Gesicht ist ganz gelöst und entspannt.
	Ich lasse los.
für eine sehr differenzierte Gesichtsübung:	Ich gebe alle Spannung ab, weg von mir.
	Die Lider sind ganz schwer auf den Augen.
	Die Wangen sind ganz schwer und gelöst.
	Das Kinn ist ganz schwer und gelöst.
	Der Mund ist ganz locker und entspannt.
	Die Kiefermuskeln sind ganz entspannt und locker.

Die Zunge liegt ganz schwer und gelöst im Mund.
Die Stirn ist ganz entspannt und ganz glatt.
Das ganze Gesicht ist ganz entspannt.
Formel: Mein Gesicht ist ganz entspannt und gelöst.

3. Wärmeübung

Nach den Schwereübungen wird das Training mit den Wärmeübungen fortgesetzt.

Auch hier arbeiten Sie zunächst mit Vorstellungen, mit Wahrnehmungen.

Sie stellen sich vor, daß Ihnen die Sonne auf die Hand scheint, (auf den Arm), und Sie fühlen die Wärme dieser Sonne. Sie fühlen, wie angenehm die Sonne die Glieder wärmt. Danach denken Sie die Formel: Die Hand ist (ganz) warm, der Arm ist (ganz) warm.

Diese Kombination – Wahrnehmung und Formel – wird nun auch für den Nacken- und Schulterbereich und für Füße und Beine angewandt.

Als letztes wird der ganze Körper einbezogen. Die Sonne scheint auf den Körper, der ganze Körper ist warm.

Bei der Wärmeübung entspannen sich die Muskeln der Blutgefäße, sie erweitern sich, und das Blut strömt verstärkt durch die Blutgefäße. Durch die Vorstellungshilfe «Sonne» wird der Wärmeeffekt, das Wärmeerlebnis, noch verstärkt.

«Die Immobilisierung und die Entspannung der Körpermuskulatur löst den Gesamtvorgang bereits reflektorisch aus.»[17]

Der Ablauf der Wärmeübungen ist der gleiche wie der der Schwereübungen. Auch hier werden zunächst die Hände, dann Arme, Nacken, Schulter, Füße und Beine angesprochen, zuletzt der ganze Körper.

[17] Hoffmann, a. a. O.

Das Wärmeerlebnis beeinflußt auch das Herz-Kreislauf-System. Die Entspannung der Blutgefäße betrifft auch die Herzkranzgefäße. Diese Entspannung und die damit verstärkte Zufuhr von Blut und Sauerstoff werden als therapeutische Implikation bei der Behandlung von Herzinfarktpatienten angewandt.

Einstieg: Sie stellen sich vor, daß die Sonne auf Ihre rechte (linke) Hand scheint.
Sie fühlen diese Wärme der Sonne auf Ihrer Hand.

Formel: Die rechte (linke) Hand ist (ganz) warm.

Formel: Die Hände sind (ganz) warm.
Die Sonne scheint auch auf die Arme.
Sie fühlen diese Wärme auf Ihren Armen.

Formel: Die Arme sind ganz warm.
Die Sonne scheint auch auf Ihren Nacken und die Schultern.
Sie fühlen die Wärme der Sonne auf Ihrem Nacken und den Schultern.

Formel: Nacken und Schultern sind ganz warm.
Die Sonne scheint auf Ihre Füße und Beine
oder
Sie haben Ihre Füße und Beine in einem Eimer mit ganz warmem Wasser.

Formel: Die Füße und Beine sind ganz warm.

Formel: Der ganze Körper ist warm.

Das vegetative Nervensystem ist eine Art Schaltstelle für die Impulse von Körper und Seele.

Es ist ein weitverzweigtes Nervengeäst und hängt mit den Muskelfasern der Organe eng zusammen. So ist es erklärlich, wenn sich Spannungen in bestimmten Muskelbereichen auch auf das Nervensystem übertragen.

Durch die Generalisierung (siehe S. 37) tritt die Entspannung in weitere, nicht unmittelbar angesprochene Bereiche über. Die folgenden Übungen 4 bis 7 faßt man unter dem Begriff *Organübungen* zusammen.

4. Atemübung

Bei dieser Übung ist eine *passive* Einstellung wichtig. Bei der Atemübung wird nicht mit «ich» trainiert. Der Atem geschieht, «es atmet mich».

Die Atemübungen während des Autogenen Trainings unterscheiden sich wesentlich von dem «Atemtraining» in diesem Buch (siehe S. 83). Es ist keine Atemgymnastik. Es gibt bei den Atemübungen des AT kein «richtiges» oder «falsches» Atmen. Sie verhalten sich Ihrer Atmung gegenüber völlig passiv. Möglicherweise ist es am Anfang etwas verwirrend, die beiden «Atemtechniken» auseinanderzuhalten. Aber es fällt Ihnen bald leicht, bei der AT-Atemübung an «Geschehenlassen» zu denken.

Je ruhiger Sie sich Ihrem Atem gegenüber verhalten, je weniger Sie eingreifen, je mehr Sie den Atem «geschehen» lassen, desto schneller stellt sich Ihr Atem auf den «entspannten Grundrhythmus» ein. *Einatmen* ist ein aktiver, dynamischer Vorgang im Gegensatz zu dem entspannenden, passiven *Ausatmen*. Mit fortschreitender Übungserfahrung erleben Sie, Ihren Atem passiv zu beobachten. Sie können «geschehen» lassen. Vielleicht lernen Sie Ihren eigenen, sehr persönlichen Atemrhythmus erstmalig wirklich kennen.

Atmung geschieht unabhängig vom Willen, sie wird vegetativ gesteuert. Auch ein bewußtloser oder schlafender Mensch atmet, ohne daß er es bewußt wahrnimmt oder eingreifend steuern kann.

Einstieg: Sie atmen ganz «unwillkürlich».

Sie lassen Ihren Atem «geschehen».

Sie können noch einige «Vorstellungshilfen» vorschalten:
- Der Atem schwingt beim Einatmen nach oben, beim Ausatmen nach unten.
- Der Atem gleicht einer Welle, die beim Einatmen nach oben schwingt, beim Ausatmen nach unten schwingt.
- Der Atem gleicht dem Hin- und Herschwingen von Baumwipfeln.

Formel: Der Atem geht ganz ruhig und gleichmäßig.
Atmung ganz ruhig.
Es atmet mich.

5. Herzübung

Die Herzübung wird manchmal in anderen Trainings *vor* die Atemübung gesetzt.

Die Herzübung ist für viele Übende ein «Problem». Es fällt Ihnen sehr schwer oder ist sogar unmöglich, das eigene Herz zu «fühlen» oder zu spüren während einer Übung.

In ruhigem, ausgeglichenem Zustand spüren Sie Ihr Herz nicht bewußt schlagen: nur bei Erregungen oder körperlichen Anstrengungen pocht es oder rast.

Das Herz wird auch als «Ort der Seele» bezeichnet. Alle emotionalen Vorgänge im Menschen stehen im Zusammenhang mit dem Herzen. Das Herz hat einen wesentlichen Anteil an der Gesamtpersönlichkeit des Menschen.

«Ein Mensch mit einem großen Herzen» beschreibt einen Menschen mit viel Gefühl, Gemüt und Herz-lichkeit.

«Man soll nicht nur Kopf haben, sondern auch Herz», ist ein Hinweis darauf, daß der Kopf zuständig ist für alle verstandesmäßigen, rationalen Dinge und das Herz für die emotionalen, für die gemüt-vollen Belange.

Das Herz ist ein sehr gefühls- und empfindungsreiches Organ: alle positiven und negativen Gefühle, traurige und fröhliche beeinflussen über das vegetative Nervensystem auch das Herz.

Der Volksmund kennt viele Formulierungen, die die zentrale Position des Herzens im menschlichen Leben beschreiben:

«Er oder sie starb an gebrochenem Herzen», sagt man von einem Menschen, der vor Kummer starb. Das Herz war den Belastungen nicht gewachsen. Wir sagen auch: «Es ist mir warm ums Herz», «vor Angst spüre ich mein Herz bis zum Hals schlagen» oder «mir bleibt vor Schreck das Herz stehen».

Es gibt auch Menschen, die schon bei der ersten Herzübung das Herz spontan fühlen und das oft sogar als unangenehm empfinden. Diese Menschen sind vielleicht auch sonst schneller erregbar und nervös.

Es kann – wie bei den anderen Übungen auch – bei der Herzübung zu einer Abwehr kommen: der Übende will nicht, daß Gefühle «aufgewühlt» werden.

Bei den ersten Versuchen haben einige Menschen Herzklopfen; im Laufe der Zeit und bei regelmäßigem Üben verschwindet diese Unruhe. Die Ruhe des Herzens, der ruhige und gleichmäßige Herzschlag wird dann als angenehm wahrgenommen.

Einstieg: Um Ihr Herz zu fühlen, machen Sie einige dynamische Übungen zuvor (Kniebeugen etc.)
Danach spüren Sie Ihr Herz durch den verstärkten Herzschlag deutlicher.
Sie spüren Ihren linken Arm warm.
Diese Wärme strömt auf das Herz über,
ein sanfter, warmer Hauch weht über das Herz.
Formel: Das Herz schlägt ruhig (kräftig) und gleichmäßig.

6. Sonnengeflecht

Das Sonnengeflecht, plexus solaris, ist ein Geflecht von Nervenzellen oberhalb des Bauchnabels, die sich wie die Strahlen einer Sonne im Leibraum nach allen Seiten ausbreiten. Von hier werden alle Bauchorgane vegetativ beeinflußt, das heißt ihre Funktionen werden von hier aus gesteuert.

Die Wärme bei den Übungen wird im Prinzip im Magen gespürt. Deshalb ist die Vorstellung einer Tasse warmen Tees im Magen oder die eines aufliegenden Heizkissens hilfreich unterstützend. Wenn Sie bei den Übungen die Hände auf das Sonnengeflecht legen, werden Sie die zusätzliche Wärme als recht angenehm empfinden.

Die Vorstellung, daß Sie beim Ausatmen den Atem «ganz warm» in den Bauch schicken, ist ebenfalls eine Hilfe.

Sie verspüren jetzt recht schnell die Wärme und auch ein «Knurren» und «Blubbern» im Magen. Dieses zeigt an, daß die Magennerven entspannt sind und die Peristaltik des Darms verstärkt ist.

Bei dieser Übung erweitern sich die Blutgefäße des Oberbauchs und ziehen Blut aus dem Kopf zusätzlich in den Bauch.

Menschen leben viele ihrer Gefühle nicht aus. Sie verdrängen sie, unterdrücken oder verleugnen sie. Das hat seine Auswirkungen auch auf den vegetativen Bereich und damit auf die Funktionen und Vorgänge lebenswichtiger Organe wie Magen oder Darm. Die Redensarten «Es schlägt mir auf den Magen», «es liegt mir auf dem Magen» beschreiben die Auswirkungen des emotionalen Drucks im Bauch.

Einstieg: Sich vorstellen, wie ein Heizkissen auf dem Bauch liegt und wärmt,

oder

eine Tasse warmen Tees ist im Magen zu spüren.

Formel: Sonnengeflecht strömend warm.

7. Kopfübung

Die letzte Organübung ist die Kopfübung (Stirnkühlung). Der Kopf ist ein weiterer «Sammelpunkt» emotionaler Empfindungen. Seelische Belastungen, Sorgen und Aufregungen manifestieren sich bei vielen Menschen auch im Kopfbereich, sie leiden unter Migräne und Kopfschmerzen. Auch hier lassen sich meist keine pathologischen Organbefunde feststellen.

Es gibt allerdings auch häufig Kopfschmerzen, die auf «lokalen Regulationsstörungen» beruhen. Dabei kommt es zu einer «passiven Überdehnung der Gefäßwände durch die Druckwelle». «Der Kopf will mir zerspringen», deutlicher läßt sich die übergroße Spannung nicht ausdrücken, unter der Menschen leiden. Bei

Kopfschmerzen legen sich viele Menschen ein kühles Tuch auf die Stirn, sie erleben dies als schmerzlindernd und angenehm. Durch die Kühlung verengen sich die Arterien, damit «beruhigt» sich der Kopf, die Aktivität des Gehirns wird gedämpft.

Die durch die Stirnkühlung erzielte leichte Verengung der Arterien (AT-Übung) führt zu einer verminderten Durchblutung des Kopfes. Dieses angenehme Gefühl ist demnach einem ausgiebigen Essen ähnlich, auch dabei wird Blut aus dem Kopf abgezogen, um Magen und Darm bei der Verdauungstätigkeit zu unterstützen.

«Füße warm, Kopf kühl», beschreibt der Volksmund den Zustand des Wohlbehagens: außerdem weiß jeder, daß man nur mit einem «kühlen» Kopf denken und handeln kann!

Sie dürfen bei der AT-Kopfübung allerdings nicht mit dem Begriff «kalt» experimentieren, da das zu einer zu starken Verengung der Arterien und so auch zu Kopfschmerzen oder Migräne führen kann.

Einstieg: Sie fühlen, wie ein kühler, leichter Wind über die Stirn weht.

Formel: Stirn angenehm kühl.

Nach allen Übungen, ob einzeln oder im Verbund angewandt, muß die *Zurücknahme* kräftig vorgenommen werden.

8. Zurücknahme

Durch kräftiges Recken, Strecken und Durchatmen wird der Kreislauf wieder angeregt, der Blutdruck steigt. Das Gefühl der Entspannung und inneren Ruhe bleibt jedoch noch über Stunden erhalten.

10 Minuten Autogenes Training bringt Erholung wie etwa eine Stunde Schlaf!

Die «Zurücknahme» brauchen Sie nur dann nicht vorzunehmen, wenn Sie einschlafen wollen. Sie rollen sich übergangslos in Ihre Schlafhaltung. Viele Übende schlafen auch schon während des Trainings ein. Bauchschläfer entdecken, daß sie in der ihnen ungewohnten Rückenlage eingeschlafen sind.

Zurücknahme: Fäuste machen,
die Arme kräftig recken und strecken,
tief durchatmen,
die Augen öffnen.

Übungshaltungen

AT kann man im Sitzen, Liegen, sogar im Stehen und Laufen ausführen, das bedeutet, man kann AT an jedem Ort und zu jeder Zeit anwenden.

Ob zu Hause, im Beruf, unterwegs oder im Urlaub, man kann sich in kurzer Zeit tief entspannen und neue Energien auftanken. Beim Üben zu Hause sollten Sie bequeme Kleidung tragen, keine engen Kragen oder Gürtel.

Im freien Sitzen (Droschkenkutscherhaltung)

Die Droschkenkutscherhaltung entwickelte Dr. Schultz aus seiner Beobachtung der Berliner Droschkenkutscher, die in den Wartepausen friedlich auf ihrem Kutschbock (Sitz) zu schlafen schienen.

Ihre Körperhaltung war völlig entspannt, und sie befanden sich in einem ganz entspannten Zustand, der einem Schlaf glich.

Diese Haltung entspricht dem freien Sitzen auf einem Stuhl oder Hocker. Beherrscht man AT in dieser Haltung, kann man es auch dann anwenden, wenn man keinen Stuhl zum Sitzen hat, z. B. auf einer Treppe, einem Stein, einem Mäuerchen etc.

Die Füße stehen dabei auseinander auf dem Boden, sie haben «spürbaren» Kontakt zum Boden. Die Hände und Unterarme liegen locker auf den Oberschenkeln. Es besteht noch Spannung in der Rückenmuskulatur, da der Übende sonst leicht sein Gleichgewicht verlieren kann.

Für Menschen mit Bandscheibenschäden oder stark verspannter Nacken- und Rückenmuskulatur ist diese Sitzhaltung deshalb weniger geeignet, da sie sogar Schmerzen verstärken kann. Das Vornüberhängen des Kopfes überdehnt die Nackenmuskulatur.

Im angelehnten Sitzen

Hier ist der sogenannte Großvater- oder Ohrensessel geeignet.

Sie sitzen auf dem Sessel, mit angelehntem Kopf, die Füße stehen auseinander auf dem Boden: Sie «spüren» den Boden bewußt. Die Hände und Unterarme ruhen locker auf den Oberschenkeln.

Diese Sitzhaltung ist so entspannend, daß die Grenze zum Schlaf schnell überschritten wird.

Das angelehnte Sitzen ist auch auf einem Stuhl oder niedrigen Sessel möglich. Hierbei kann man den Kopf geradehalten, die Nackenmuskulatur wird so nicht überdehnt. Wenn der Übende dagegen von vorneherein den Kopf nach vorne beugt, wird er bei einem kurzen Einnicken nicht durch das plötzliche Vornüberfallen des Kopfes erschreckt und fährt nicht hoch dabei.

Im Liegen

Sie liegen ausgestreckt, mit leicht gespreizten Beinen, auf dem Rücken auf Boden, Bett oder Liege. Die Unterlage sollte nicht zu weich sein. Unter Kopf und Nacken legen Sie ein kleines Kissen. Die Arme liegen leicht angewinkelt seitlich am Körper.

Der Körper wird in dieser Lage sehr «bewußt» gespürt. Sie nehmen sich intensiver «körperlich» war. In dieser Haltung können Sie am besten entspannen.

Wenn Sie diese Übungslage vor oder zum Einschlafen benutzen, lassen Sie die «Zurücknahme» weg. Sie gehen problemlos zu Ihrer bevorzugten Schlafhaltung über.

Im Stehen

Diese Übungshaltung ist überall problemlos einzunehmen: Sie können dabei auch die Augen offenhalten.

Sie stehen mit schulterbreit auseinander gestellten Beinen und Füßen fest auf dem Boden. Sie konzentrieren sich auf Ihren Körper und nehmen ihn intensiv und bewußt wahr.

Sie lassen Spannung los: zunächst im Nacken und in den Schultern, dann in Rücken, Brust, Bauch und Gesäß. (Beim «Bauchloslassen» rutscht der Bauch förmlich nach vorn!)

Sie spüren die Beine und Füße ganz intensiv. Sie sind wie angenagelt auf dem Boden. Das ganze Gewicht ruht auf den Beinen und Füßen. Wenn Sie das Gefühl haben, Ihr Körpergewicht habe sich fast verdoppelt, sind Sie wirklich muskulär entspannt.

Achtung: Bei geschlossenen Augen kann Sie ein leichtes Schwanken verunsichern.

Diese Übung können Sie als *Kurzübung* (siehe auch S. 78) ungezählte Male am Tage machen. Es ist ein Auftanken an Kraft und Energie. Der Körper verbraucht Energie um den Muskeltonus (Spannung) zu halten. Stark angespannte oder verspannte Muskeln «verbrauchen» Kraft und Energie.

Diese Übung hat noch einen anderen Vorteil. Durch regelmäßiges Üben entsteht ein bewußteres und damit besseres Körpergefühl. Der Körper wird vertrauter. Seine Reaktionen werden «spürbar und fühlbarer». Sie können dann gar nicht mehr verspannt dastehen. Sie überprüfen fast automatisch Ihre Körperhaltung und Spannung.

Nach diesen Übungen fühlen Sie sich frisch und entspannt. Es ist eine körperlich-seelische Entspannungskurzübung.

Sie können diese Übung auch an Haltestellen von Bus, Tram etc. machen, auch in einer Warteschlange im Supermarkt, im Büro, auch in Gesprächen mit anderen Menschen. Es gibt wirklich ungezählte Möglichkeiten, diese Kurzübung auszuführen.

Übungsplan für Autogenes Training (Unterstufe)
Schwere und Wärme

Übungen	Formeln
1. Schwereübung Ruhetönung u. -formel	Ich bin ganz ruhig Der rechte (linke) Arm ist ganz schwer Ich bin ganz ruhig, gelöst, entspannt Einige Male wiederholen Zurücknahme
2. Schwereübung Ruhetönung u. -formel	Ich bin ganz ruhig Die Arme sind ganz schwer Ich bin ganz ruhig, gelöst, entspannt Wiederholen Zurücknahme
3. Schwereübung Ruhetönung u. -formel	Ich bin ganz ruhig Nacken und Schultern sind (ganz) schwer Arme sind ganz schwer Ich bin ganz ruhig, gelöst, entspannt Wiederholen Zurücknahme
4. Schwereübung Ruhetönung u. -formel	Ich bin ganz ruhig Die Beine sind (ganz) schwer Nacken und Schultern sind ganz schwer Arme sind ganz schwer Ich bin ganz ruhig, gelöst, entspannt Wiederholen Zurücknahme

Übungen	Formeln
5. Schwereübung Ruhetönung u. -formel	Ich bin ganz ruhig Arme sind ganz schwer Nacken und Schultern sind ganz schwer Beine sind ganz schwer Der ganze Körper ist schwer Ich bin ganz ruhig, gelöst, entspannt Zurücknahme
6. Schwereübung Ruhetönung u. -formel	Ich bin ganz ruhig Das Gesicht ist ganz gelöst, entspannt, Ich lasse los, Ich bin ganz ruhig, gelöst, entspannt, Wiederholen Zurücknahme
7. Schwereübung Ruhetönung u. -formel	Ich bin ganz ruhig, Arme sind ganz entspannt, Nacken und Schultern sind ganz entspannt, Beine sind ganz entspannt, Das Gesicht ist ganz gelöst, entspannt, Der ganze Körper ist entspannt, Ich bin ruhig, gelöst, entspannt, Wiederholen. Zurücknahme

Übungen	Formeln
8. Schwereübung Ruhetönung u. -formel	Ich bin ganz ruhig. Arme sind ganz entspannt. Nacken und Schultern sind ganz entspannt. Beine sind ganz entspannt. Das Gesicht ist ganz gelöst, entspannt. Ich lasse los. Ich gebe alle Spannung ab – weg von mir. Der ganze Körper ist entspannt. Ich bin ganz ruhig, gelöst, entspannt. Wiederholen. Zurücknahme

Die Schwereübungen und die jetzt folgenden Wärmeübungen können ineinander übergehen. Dies ist der «Generalisierungs»-Effekt.

1. Wärmeübung	Der rechte (linke) Arm ist ganz warm.
2. Wärmeübung	Die Arme sind ganz warm.
3. Wärmeübung	Nacken und Schultern sind ganz warm.
4. Wärmeübung	Die Beine sind ganz warm.
5. Wärmeübung	Der ganze Körper ist ganz warm. Wiederholen.

Noch einmal:

An jede der Wärmeübungen kann die jeweilige passende Schwereübung angehängt oder ihr vorgeschaltet werden. Jede Übung wird mit der Ruheformel begonnen und mit «Ich bin ganz ruhig» beendet.

Nach jeder Übung ist die Zurücknahme vorzunehmen.

Zurücknahme: Fäuste machen,
Hände und Arme kräftig recken und strecken,
tief durchatmen, Augen aufmachen.

Organübungen

Übungen	Formeln
Atemübung	Der Atem geht ganz ruhig und gleichmäßig. Es atmet mich.
Herzübung	Mein Herz schlägt ruhig und gleichmäßig. oder Mein Herz schlägt ruhig und kräftig.
Sonnengeflechts-übung	Sonnengeflecht strömend warm.
Kopfübung	Stirn angenehm kühl.

Nach allen Übungen die Zurücknahme vornehmen.

Nach einigem Üben der Organbeeinflussung werden die Schwere- und Wärmeübungen vorgeschaltet. Die Formel: «Ich bin ganz ruhig» kann an jede Organübung angeschlossen werden.

Wie lang Sie brauchen, um die jeweiligen Übungen zu beherrschen, ist individuell verschieden. Ich möchte keine Zeit vorgeben. Zeit und Geduld sollte man für alle Übungen aufbringen.

Sie werden bei den unterschiedlichen Übungsbereichen auch unterschiedliche Erfahrungen und Erfolge zu verzeichnen haben.

Eine vollständige Übung beinhaltet die Schwere-, Wärme- und Organübungen. Die Formeln kann man bei guter Beherrschung verkürzen auf z. B. «Arm schwer – Arm warm – Nacken – Schulter schwer – Körper warm –» Es sei jedem freigestellt, wie er verfahren will. Ob er sich täglich nur die Schwereübung vornimmt, sie mit der Wärmeübung verbindet und die Organübungen mit der Ruheformel isoliert anwendet, das muß jeder für sich selbst entscheiden.

Nach einiger Übung bekommen Sie mehr Sicherheit und Vertrauen, und Sie wissen, was Ihnen besonders guttut.

Die Kurzübung

Es ist nötig, daß Sie AT in seiner Unterstufe (Schwere-, Wärme-, Organübungen und formelhafte Vorsätze) beherrschen, bevor Sie eine Kurzübung anwenden können. Erst mit der sicheren Beherrschung der Unterstufe lassen sich Varianten wie die Kurzübung einbauen.

Sie sollten AT nicht nur in einem «Schonraum», das heißt unter besonders günstigen Bedingungen, üben, sondern auch unter erschwerenden äußeren und inneren Übungssituationen. Dies ist deshalb wichtig, da Sie die positive Wirkung von AT ja gerade in unruhigen oder belastenden Lebensphasen und -situationen spüren wollen.

Nach einigem Üben erreichen Sie die *Generalisierung* oft «blitzschnell». Es genügt an die *Schwere* oder die *Wärme* zu denken, um die *Umschaltung* auszulösen. Die Muskelentspannung (Schwere) und die Gefäßerweiterung (Wärme) geschieht automatisch, ebenso eine Herz- und Atemberuhigung, die Beeinflussung des Sonnengeflechts und eine Entspannung im Kopfbereich. Die Kurzübung können Sie ungezählte Male im Laufe eines Tages, bei Schlafstörungen auch des Nachts, anwenden. Es ist wie ein kurzes Auftanken von Ruhe, Kraft und Energie. Bei gut Geübten reicht meist schon ein gedankliches Hinwenden auf eine Körperpartie, ein Überprüfen von Körperhaltung und ein Aufspüren von Verspannungen, um eine augenblickliche Entspannung auszulösen.

An die Kurzübung kann man ebenfalls formelhafte Vorsätze anhängen. Sie ist allerdings kein wirklicher Ersatz für eine Vollübung. Die Kurzübung kann wie folgt aussehen:

Ruhe
Schwere
Wärme
Herz – Leib warm
Kopf kühl (und leicht)
Ruhe

Diese Begriffe sind wie «Formeln» nur zu *denken*.

«Ruhe» denken Sie beim Ausatmen, denn das ist der passive, entspannende Teil der Atmung, im Gegensatz zu dem aktiven, dynamischen Einatmen, siehe auch S. 111.

Beim Ausatmen geben Sie alles Verbrauchte (Kohlendioxyd, biochemisch gesehen) ab; es ist gleichzeitig eine Befreiung von (emotionalen) Spannungen.

Bei der Übung strömt beim Ausatmen der Atem lange aus. In dieses Ausströmen hinein denken Sie «Ruhe».

Nach einem intensiven Einatmen bleibt eine kleine Atempause, ein Vakuum, bis man dann wieder verstärkt ausatmet.

«Diese kompensatorische Atempause ist ein physiologischer Ausgleich zu der vorangegangenen tiefen Einatmung, die das Blut in stärkerem Maße mit Sauerstoff anreichert (genauer gesagt, den Kohlesäuregehalt des Blutes absinken läßt).»[18]

Nach einer Aufregung, einem Schreck oder ähnlichem erleben wir, daß wir sehr tief ausatmen, meist mit einem Stöhnen oder Seufzen. Damit lassen wir «los», geben Spannung ab. Schon wenn Sie nur das Wort «Ruhe» denken, in einen Atemvorgang einbeziehen (beim Einatmen mit «Ru» beginnen, beim Ausatmen mit «he ...», dieses lang ausschwingen, enden lassen), erleben Sie eine augenblickliche Beruhigung.

Der Atemvorgang ist wie eine Welle, das Ansteigen entspricht dem Einatmen, das Herabschwingen dem Ausatmen. Ein- und Ausatmen gleicht Atemberg und Atemtal; durch das betonte Ausatmen «geschieht» das Einatmen fast selbständig. In diese «Atemwelle» wird die «Ruhe» eingebettet. Die Ruhe des Atmens wird mit der konzentrativen Vorstellung «Ruhe» gekoppelt und ist so als «doppelte Verstärkung» äußerst wirksam.

Sie könnten das gedachte Wort «Ruhe» als einen formelhaften Vorsatz auch mit einem «Mantra» aus der Transzentalen Meditation vergleichen. Ein «Mantra», der Begriff kommt aus dem tibetanischen Buddhismus, ist meist ein ein- oder zweisilbiges Wort,

[18] L. Schwäbisch/M. Siems: Selbstentfaltung durch Meditation, Rowohlt Reinbek, 1976

das dem Meditierenden gegeben wird. Dieses Wort wirkt mehr durch seinen Schwingungscharakter als durch einen «Inhalt» oder Sinn.

Schwäbisch/Siems schreiben in ihrem Buch «Meditation»:

«Mantren wirken durch ihre Vibrationen. Das Mantra bringt den Organismus in feinste Schwingungen und beeinflußt so das gesamte Gewebe. Das Denken von Vokalen schickt Wellen durch den ganzen Körper, was zu einer Vibrationsmassage für Organe und Muskeln wird.»[19]

Das Mantra wirkt auch auf die Atmung ein. Diese Wirkung ist die gleiche, die bereits in dem vorangegangenen Teil des Kapitels als Einbetten des Begriffes «Ruhe» in den gesamten Atemvorgang beschrieben worden ist.

Die Kurzübung kann zu einem fest integrierten Bestandteil des Alltags werden. Hier verbindet sich die Wirkung des AT mit der «Kraft des positiven Denkens» zu einer Form physisch-psychischen «Heilvorgangs».

[19] Schwäbisch/Siems, a. a. O.

Autogenes Training ...

… kann unser Leben radikal verändern. Es kann helfen, unser inneres und äußeres Gleichgewicht in dieser immer komplizierter werdenden Welt wiederherzustellen. Es kann positives Denken fördern und die Kraft, gelassener mit den Anforderungen unserer Leistungsgesellschaft umzugehen.

Auch das Bewußtsein, sein Haus gut bestellt zu haben, schafft innere Gelassenheit.

Oberstufe des Autogenen Trainings

Wenn von Autogenem Training gesprochen wird, ist in der Regel die Unterstufe gemeint. Unterstufe bedeutet das Schwere- und Wärmeerlebnis, die Organübungen, Stirnkühlung, Kurzübung und auch die formelhaften Vorsätze.

Auch wenn Patienten mit funktionellen Störungen Autogenes Training von ihrem Arzt empfohlen wird, ist generell die Unterstufe gemeint.

Der Mensch ist eine körperlich-geistig-seelische Einheit. Störungen bleiben nie partiell beschränkt. Sie greifen in diese Einheit negativ ein. AT kann helfen, diese gestörte Einheit wieder herzustellen. Die meisten Patienten sind an *dieser* «Hilfe» des AT interessiert. Der Kreis derjenigen, die darüber hinausgehende Erfahrungen machen wollen, ist relativ klein. Sind die störenden Symptome mit Hilfe des AT wesentlich gebessert oder gar verschwunden, in Verbindung mit der Einsicht und möglichen Änderung der persönlichen Lebenssituation, läßt das Interesse am AT häufig nach. Das ist schade, AT sollte in das tägliche Leben so eingegliedert werden, wie z. B. das Zähneputzen. Nur dann wird die innere Grundbefindlichkeit des Menschen nachhaltig und erhaltend verbessert. Nur so hat man einen echten «Erfolg».

Ich denke, man sollte Unterstufe und Oberstufe nicht so konsequent trennen. Es ist besser, die Oberstufe als eine «Übung für Fortgeschrittene» zu bezeichnen. Viele Oberstufenphänomene werden auch von gut trainierten «Anfängern» erlebt, ohne daß sie diese bewußt «erzeugen» wollten. Es sind dann meist tiefere Stufen der Versenkung, die meditativen Zuständen ähneln. Diese Phantasie-Bilder, Farben, etc. werden oft recht erstaunt wahrgenommen. Gefühle des Versinkenwollen, des Fallens holt manchen Übenden aus seiner Versenkung zurück, da er sich vor diesem «Neuen» und «Fremden» ängstigt. Wird ihm durch das Gespräch mit dem Trainer bewußt, daß ihm gar nichts passieren kann, daß diese neue Erfahrung eine Bewußtseinserweiterung bedeutet, kann er angstfrei diesen tiefen Entspannungszustand «genießen».

In dieser tiefen Versenkung können aktuelle und frühere Erlebnisse wieder «erlebt» werden. In dieser «Tiefenentspannung» kommt es auch zu «Regressionsvorgängen», das heißt, frühere Entwicklungsstufen werden wieder erlebt oder aktualisiert. Meist sind es angenehme Kindheitserinnerungen. Man «sieht» vertraute Menschen, Tiere und Gegenstände aus seiner frühen Kindheit wieder, man sieht sich selbst in früheren Umgebungen.

Die meditativen Zustände oder tiefen Versenkungszustände kann man auch lenken oder steuern, wie es im Kapitel «Meditative Übungen durch gelenkte Phantasien» beschrieben wird (Seite 147 ff).

Diese meditativen Übungen kann man als eine Art von Oberstufe, also als AT für Fortgeschrittene bezeichnen. Die Oberstufe des AT setzt die Beherrschung der Unterstufe voraus. Wird diese gut beherrscht, ist die «Autogene Umschaltung» in kürzester Zeit geschehen. Danach sind die tieferen und längeren Versenkungszustände oder -stufen möglich, die Erlebnisse von ungeahnter Vielfalt bringen können. Diese «Bewußtseinserweiterung» entspricht etwa der durch Drogen herbeigeführten.

Ich möchte mich in diesem Buch nicht weiter mit der Oberstufe des AT befassen, da es mein persönliches Anliegen ist, die Unterstufe mit ihrer großen Bandbreite an «therapeutischer Wirkung» zu beschreiben und Menschen zu motivieren, davon Gebrauch zu machen.

Besser und bewußter leben durch richtiges Atmen

Was bedeutet Atmen für uns?

Richtiges Atmen ist die wichtigste Voraussetzung für lebendige Gesundheit. Falsches Atmen ist falsches Leben.

Atem und Leben gehören untrennbar zusammen. Ohne Schlaf und Nahrung läßt es sich eine Weile leben, ohne Sauerstoff aber, der durch das Blut in jede Zelle transportiert wird, gibt es keine Stoffwechselvorgänge, kein Leben. Sauerstoff bedeutet Kraft und Energie. Für einen großen Energieaufwand braucht der Körper viel Sauerstoff. Die Gehirnzellen sind von der Sauerstoffversorgung noch abhängiger als der Gesamtorganismus, sie sterben ohne Sauerstoff nach einigen Minuten ab.

In den Kulturen des Altertums war die Bedeutung des *richtigen* Atmens bekannt. In China, Japan, Tibet, Indien und auch Ägypten war man sich der Heilwirkung des Atems bewußt. Es war aber nur einigen *Eingeweihten* erlaubt, dieses Wissen an andere persönlich weiterzugeben.

In der Lehre der Zen-Meditation und des Yoga ist die Atmung einer der wesentlichen Faktoren. Atem ist auch ein Weg zur Vertiefung der Kontemplation, der Besinnung, des Versenkens, der religiös-mystischen Erfahrung. Es ist eine Hilfe auf dem Weg zu einer geistigen Vereinigung mit Gott. Die Schulung des Atems ist für den Yogi die Grundlage zu einer völligen Beherrschung von Körper und Geist. *Pranyama* ist ein Wort aus dem *Sanskrit*, der Sprache der Yogis. Er bedeutet soviel wie Beherrschung der Tiefenatmung. (*Prana* heißt Atem und *Ayama* kontrollieren.)

Für den Yogi ist *Prana* Atem, vitale Kraft und Energie zugleich, die vitale Kraft und Energie, die Leben ermöglicht.

Beim Einatmen stellen Sie sich vor, daß Sie *Prana*, also Kraft und Energie einatmen. Beim Ausatmen geben Sie alles Verbrauchte und Belastende von sich ab.

Wer sich das *Prana* Atmen nicht so recht vorstellen kann, der stellt sich diese Atmung «physiologisch» vor:

«Beim Einatmen hole ich mir Sauerstoff in meinen Körper.» (Der Sauerstoff versorgt den gesamten Organismus. Er ist der Brennstoff, das Nahrungsmittel für den Körper.)

«Beim Ausatmen gebe ich die verbrauchte Luft von mir ab.» (Das Kohlendioxyd kann mein Körper nicht mehr gebrauchen.)

Bei diesem Atmen kann man von einer Art «formelhaftem Vorsatzatmen» sprechen.

«Ich ziehe etwas *Positives* beim Einatmen in mich hinein und gebe etwas *Negatives* beim Ausatmen von mir weg.»

Durch diese Atemübung verstärke ich das Gefühl von Kraft in mir. Ich habe es in der Hand, über mich (meinen Atem) zu bestimmen. Durch diese Atemübung verstärke ich mein Selbstvertrauen und Selbstbewußtsein. *Prana*-Atmung ist die letzte Stufe eines Atemtrainings, und es bleibt jedem selbst überlassen, ob er sich diesen «Vorstellungen» hingeben will.

Es gibt auch in Fachkreisen unterschiedliche und kontroverse Meinungen über richtiges Atmen. Aber so, wie es verschiedene Möglichkeiten gibt, eine Sprache zu erlernen, gibt es auch mehrere Wege zu bewußtem, richtigem und damit besserem Atmen. Das Ziel ist bei allen Methoden gleich: sie wollen dem Menschen zu einer besseren Gesundheit verhelfen, zu einem bewußteren, erfüllteren Leben. Das bedeutet, daß das Gleichgewicht von Körper, Geist und Seele wieder hergestellt werden muß, das in der heutigen hektischen Zeit verlorengegangen ist.

Durch die Übungen lernt man zunächst einmal seinen eigenen Atem kennen, lernt ihn beobachten, kontrollieren und schulen. Sich seines eigenen Atems *bewußt* werden, ist die erste Stufe eines Atemtrainings.

Was ist «falsches» Atmen?

Die meisten Menschen atmen falsch; sie ziehen den Bauch beim Einatmen ein und schieben ihn beim Ausatmen heraus. Sie atmen flach in den oberen Brustraum hinein. Die eingeatmete Luft staut sich in diesem erweiterten Brustraum und verhindert dadurch ein ausreichend tiefes Einatmen in den unteren Lungenbereich. Ein Teil der Lunge bleibt unbeatmet. Besonders die Lungenspitzen bekommen keinen Atem und damit keinen Sauerstoff.

Viele Krankheiten werden durch eine falsche Lebenseinstellung und -haltung verursacht. Krankheitsursachen sind in der Umwelt zu suchen, liegen aber auch im Menschen selbst. Erkennt man die Zusammenhänge zwischen der Krankheit und seinem «Selbst» nicht, wird man nur Hilfe von «außen» erwarten und vergebens auf echte Heilung hoffen. Die eigentliche Hilfe kann nur aus einem selbst heraus kommen.

Atmen geschieht als etwas Selbständiges, es ist «un-willkürlich».

Ein kleines Kind oder das Tier atmen noch instinktiv und damit auch richtig. Auch im Schlaf und in einer Ohnmacht «geschieht» der Atem; auch hier atmet man unbewußt. Der Erwachsene hat seine instinktive, «richtige» Atmung verloren. Er ist meist chronisch verspannt, was sich in Körperhaltung, einem starren Gesichtsausdruck und in einem verkrampften Gang zeigt. Diese Verspannungen sind neben äußeren Stressbedingungen auch ein Ergebnis emotionaler Konflikte und verhindern eine tiefe, entspannte Atmung. An Körperhaltung und Gestus kann man die seelische und körperliche Befindlichkeit des Menschen ablesen, der Körper «spricht». Eine verspannte und verkrampfte Haltung verhindert ein freies Fließen von Atem. Der Atem ist blockiert. So starr wie der Gang und Ausdruck eines Menschen sind auch seine Atmungsorgane. Menschen, die zu sich und ihrem Körper ein gutes Verhältnis haben, die sich «selbst-bewußt» wahrnehmen, haben eine aufrechte, bewegliche Körperhaltung. Ihr Kopf ist aufgerichtet, ihr Blick klebt nicht am Boden. Ihr Gang ist frei und schwingend. Sie können «loslassen», auch ihren Atem.

Atmen heißt, sich intensiv spüren und fühlen. Durch ein intensives Atemtraining lernt man auch sein Bewußtsein erweitern.

Die «Kopflastigkeit» unserer Zeit verschiebt das innere Gleichgewicht zugunsten einer kognitiven Einseitigkeit. Menschen, die nicht in einer modernen Industriegesellschaft leben, sind sich noch nicht «selbst entfremdet» und haben noch ein «kreatürliches» Empfinden ihrer Körperlichkeit. Ihre Körperhaltung und ihr Gang unterscheiden sich stark von dem eines Menschen des modernen Industriezeitalters.

Das rasche Ansteigen des Gebrauchs von Suchtmitteln zeigt, daß Menschen in ihren ureigensten Bedürfnissen eingeschränkt sind. Alle Suchtmittel, wie Zigaretten, Alkohol, Kaffee, Tabletten und Drogen, wie Hasch, Heroin, LSD, Kokain etc. sind gefährliche Ersatz- oder Kompensationsmittel für oft uneingestandene, unerkannte Bedürfnisse und Wünsche. Jede Sucht ist ein «Ersatz» für elementare Lebensbedürfnisse und Wünsche. Ein Mensch, der zu sich selbst gefunden hat, auch zu der Kraft seines Atems, ist für «Ersatzbefriedigungen» kaum anfällig.

Über die Wichtigkeit von Bauchatmung und Vollatmung

Die richtige Atmung ist die sogenannte «Bauchatmung». Die Bezeichnung ist eigentlich falsch. Der Bauch selbst «atmet» nicht. Mit Hilfe der Bauchmuskeln wird das *Zwerchfell*, das wie ein Blasebalg auf die Lunge einwirkt, bewegt und nach unten in den Bauch gedrückt. Diese «Bauchbewegung» kann man deutlich sehen und mit den Händen fühlen.

Deshalb spricht man bei starker Zwerchfellatmung von «Bauch-atmung». Die Brust- und leichte Zwerchfellatmung ist im Prinzip die «normale».

Durch das starke Senken des Zwerchfells bei der «Bauchat-mung» kann sich die Lunge weit ausdehnen und damit mehr Atemluft (Sauerstoff) aufnehmen. Durch das Nach-außen-Deh-nen der Bauchwand erweitert sich der Bauchraum und wird so zu einem vergrößerten Aufnahmebecken für Atemluft.

Durch falsche Atmung nimmt der Mensch viel zuwenig Sauer-stoff auf. Es kommt oft zu einer Unterversorgung des Gesamtor-ganismus.

Atmen Menschen auf Befehl «tief ein», ziehen sie dabei fast immer ihre Schultern hoch. Ein tiefer Atemzug steigt aber immer von unten, aus dem Bauch heraus nach oben bis in die Lungenspit-zen. Bauchatmung ist weniger anstrengend, aber viel entspannen-der. Der Aufwand ist minimal im Verhältnis zu seinem maximalen Ergebnis. Richtige, tiefe Atmung bezieht den ganzen Körper mit ein. «Alle» Hohlräume des Körpers erweitern sich, um Luft einzu-holen.

Durch die Bewegung der Bauchdecke beim Atmen werden die Organe, die sich im Bauchraum befinden, wie z. B. der Darm, massiert und bewegt. Das ist eine wirksame Vorbeugung und auch Therapie gegen die so häufige Darmträgheit. Der Blutkreislauf wird angeregt – der Stoffwechsel verbessert. Gestautes Blut wird weitertransportiert. Das Herz wird durch die Bauchatmung entla-stet, da Zwerchfell und Bauchmuskeln die schwere Pumparbeit des Herzens unterstützen.

Außer dem Zwerchfell sind die Zwischenrippenmuskeln aktiv am Atemgeschehen beteiligt. Beim Einatmen verläuft die Kon-traktion des Zwerchfells parallel mit der des Zwischenrippenmus-kels. Dieser zieht die unteren Rippen auseinander, dabei erweitert sich der Brustraum synchron mit dem Bauchraum.

Die meisten Menschen atmen zu lange ein und zu kurz aus. Das bedeutet, daß nie genug frischer Atem einströmen kann, da durch die zu kurze Ausatmung noch zuviel verbrauchte Luft in der

Lunge verbleibt. Man kann ein Gefäß nur wieder frisch füllen, wenn es ganz leer ist.

Ein überdehnter, oberer Brustraum verhindert ein entspanntes Ausatmen. Es bleibt viel Spannung zurück, die wiederum ein zu hastiges Einatmen auslöst. Der Teufelskreis falscher und damit schlechter Atmung schließt sich.

Nur eine gut entleerte Lunge ist wieder aufnahmebereit für ausreichenden Atem (Sauerstoff). Nach einem tiefen Ausatmen entsteht ein Vakuum, das wie ein Sog den Atem förmlich wieder einsaugt.

Durch mangelhaftes oder falsches Atmen werden viele Krankheiten verstärkt, sogar ausgelöst.

Es sammeln sich Schlacken im Blut, die nicht ausreichend ausgeschieden werden. Durch bewußtes, richtiges Atmen wird das Blut gereinigt, die Schlacken abgeführt und ausgeschieden.

Bei Stress ist ein erheblicher Sauerstoffmangel nachweisbar. Die Blutgefäße sind durch die Verspannung verengt und befördern nicht genügend Blut. Bei Krebserkrankungen wurde ebenfalls Sauerstoffmangel im Gesamtorganismus festgestellt. Sauerstoff läßt sich nicht speichern, die Wirkung bleibt nur temporär. Durch bewußtes, regelmäßiges, richtiges Atmen verfügt der Mensch über ausreichenden Sauerstoff, der ihm zu einem besseren Allgemeinbefinden verhilft, zu einer besseren Gesundheit.

Eine rosige, gut durchblutete Haut zum Beispiel wünscht sich wohl jeder. Die Haut ist äußeres Zeichen innerer Befindlichkeit. Die Haut reagiert recht empfindlich auf körperliche und seelische Störungen. Die Haut braucht Sauerstoff, um sich ständig regenerieren zu können.

Durch einen Mangel an Luft, durch nervöse Spannungen, durch Stress, Nikotin, Alkohol etc. und bei zunehmendem Alter ist eine optimale Ausnutzung des Sauerstoffs nicht mehr gewährleistet. Auf diese Weise verliert die Haut ihre Elastizität und Vitalität. Die Haut «leidet» mit sichtbaren Folgen. Durch intensives Atmen wird den Zellen wieder mehr Sauerstoff zugeführt, die Haut bleibt länger elastisch und damit jung.

Der Sinn aller Atemübungen ist die Qualität der Atmung durch bewußtes Erleben und bewußte Kontrolle zu verbessern.

Das «un-willkürliche» Atmen wird wesentlich verändert.

Die *Vollatmung* besteht aus Bauch-, Brust- und Flankenatmung (Brustatmung ist Zwerchfellatmung). Durch regelmäßiges Training können Sie diese Vollatmung wieder erlernen, die alle Atemräume wie die Brust, die Flanken und den Bauchbereich einschließt.

Richtiges Atmen ist die wichtigste Voraussetzung für die Gesundheit und damit auch Schönheit der Menschen. Geduld ist aber eine wichtige Voraussetzung für den gewünschten Erfolg. Was man über Jahre, oft Jahrzehnte falsch ausgeübt hat, läßt sich nicht in ein paar Stunden rückgängig machen.

Was ist beim Atemtraining zu beachten?

Die Einstimmung

- Nehmen Sie sich Zeit.
- Üben Sie nicht mit vollem Magen.
- Sorgen Sie für einen gut belüfteten Raum.
- Üben Sie auch im Freien.
- Stellen Sie vermeidbare Lärmquellen ab.
- Ziehen Sie keine zu engen Kleidungsstücke an.
- Wenn Sie sich bei oder nach den Übungen nicht wohlfühlen, beenden Sie diese. Suchen Sie nach vermutlichen Ursachen (falsche Zeit, extreme Witterungslage, aktuelles Problem).
- Üben Sie möglichst immer zur gleichen Zeit, aber denken Sie nicht an die Uhr.
- Setzen Sie sich unter keinen Erfolgszwang.
- Fühlen Sie bewußt Ihren Körper.
- Spüren Sie sich auch «körperlich».
- Entspannen Sie sich.
- Nach den Übungen wieder «un-willkürlich» atmen.
- Machen Sie keine überflüssigen Experimente.
- Haben Sie Geduld, Geduld und nochmals Geduld.

Bei allen Übungen, außer wenn ausdrücklich darauf hingewiesen wird, atmen Sie durch die Nase ein und aus. Die Nase hat die Aufgabe eines Filters. Die Nasenschleimhäute filtern und erwärmen die eindringende Luft. Die Nasenschleimhäute werden beim Ausatmen durch den warmen Atem befeuchtet und somit vorm Austrocknen bewahrt.

Bei allen Atemübungen gilt der gleiche Grundsatz: Nichts erzwingen wollen. Nicht «machen wollen», sondern «geschehen lassen» führt zu dem erwünschten Erfolg. Dieses «Geschehen-lassen» bringt eine große Ruhe und Konzentration, mit der Sie Ihren Körper und sich selbst besser kennenlernen werden. Den Atem «strömen» zu lassen, den Atemstrom zu «fühlen», bringt eine neue Sensibilität, mit der Sie Spannungsbereiche im Körper aufspüren und an deren Auflösung, unterstützt durch gezielte Übungen, arbeiten können. Den Atemstrom durch den Körper fließen zu spüren, ist eine subjektive Wahrnehmung, die objektiv eine Kräftigung der Gefäße auslöst und eine erhöhte Durchblutung und Erwärmung zur Folge hat.

Der Körper ist ein hochsensibles Instrument, einer kostbaren Stradivari gleich, auf der nur ein geübter und feinfühliger Mensch eine harmonische Melodie hervorbringt. Der Nichteinfühlsame, der Unachtsame kann dieses kostbare Instrument zerstören.

Durch die große Ruhe, das Hinwenden auf sich, seinen Körper, seine Gefühle und Empfindungen, werden neue Erlebnismöglichkeiten geschaffen. Die Harmonie von Körper, Geist und Seele wird wieder «lebbar».

Das «unwillkürliche» Atmen bekommt eine andere Qualität. Sie atmen «unbewußt» tiefer und besser.

Atem als Schmerzhilfe

Um den Atem als Schmerzhilfe einsetzen zu können, müssen Sie eine positive Einstellung zu sich und Ihrem Körper haben.

«Ich glaube an mich und meine inneren Kräfte.»

Sie üben am besten im Liegen.

Sie beginnen mit der «Einstimmung» (siehe Seite 90). Sie legen eine oder beide Hände auf die schmerzende Stelle. Bei Schmerzstellen im Kopf-, Hals-, Ohren- oder Nackenbereich legen Sie Ihre Finger sanft auf die schmerzende Stelle.

Beim *Einatmen* stellen Sie sich vor, daß Sie Kraft und Energie einatmen (Sauerstoff oder Prana).

Beim *Ausatmen* stellen Sie sich vor, daß Sie alles Verbrauchte (Kohlendioxyd oder Schlacken) von sich abgeben.

Sie «schicken» beim *Ausatmen* Ihren ganzen Atem an die schmerzende Stelle.

Sie fühlen den Atem ganz warm an der schmerzenden Stelle.

Sie denken bei der Übung: «Schmerz gleichgültig». Dieser Satz «Schmerz gleichgültig» ist ein formelhafter Vorsatz, der auf unser Schmerzverhalten antizipierend (vorwegnehmend) wirkt und dieses korrigieren kann. Der formelhafte Vorsatz «Schmerz gleichgültig» ist der Code, der ins Unterbewußtsein vordringt und von dort aus im Sinne der gewünschten Schmerzhilfe wirkt.

Die aufgelegten Hände oder Finger vermitteln Wärme und können die Wirkung des Atmens unterstützen. Es tut gut, diese wärmende Hand auf der schmerzenden Stelle zu fühlen. Es ist eine emotionale Zuwendung, die Sie sich selbst geben. Es ist aber auch eine unbewußte Rückerinnerung an die Kindheit, in der die wohltuenden und zärtlichen Hände von Mutter oder Vater liebevolle Zuwendung bedeuteten.

Es gibt Menschen, die Kranken die Hand «auflegen»; danach fühlen diese sich geheilt. Vom Arzt sagt man, daß er Kranke «behand-elt». Leider legt heute kein Arzt mehr seine «Hände» auf.

Legen Sie Ihre Finger auf die schmerzende Stelle, spüren Sie die Empfindsamkeit der Fingerspitzen; man spricht ja nicht umsonst auch im übertragenen Sinne von «Fingerspitzengefühl». In den Fingerspitzen enden viele Nerven, deshalb sind sie so berührungsempfindlich. Diese Sensibilität nutzen wir als «Schmerzhilfe».

Eine andere These ist: in den letzten Monaten vor seiner Geburt hat sich der Embryo die Innenflächen seiner Hände durch das Berühren seiner Daumen höchst sensibel gemacht. Jetzt konzentrieren Sie sich ganz darauf, daß durch intensives Atmen die Schlakken verstärkt über den Blutkreislauf aus dem Körper befördert werden. Diese Schlacken verursachen oder verstärken viele Krankheiten. Die Schlacken weggeben, heißt «Ich gebe meine Schmerzen weg».

Das ruhige und bewußte Atmen, das Hinwenden auf sich selbst und seinen Körper, schaltet für eine Weile störende Gedanken und Alltagssorgen aus. Diese Ruhe wirkt sich im Gesamtorganismus positiv aus.

Die Atemübungen zeigen aber nur dann einen Erfolg, wenn Sie sie regelmäßig über einen längeren Zeitraum anwenden. Mit der Zeit entsteht eine veränderte Einstellung zum Schmerz. Das kann nicht für große Schmerzen bei einer schweren Krankheit gelten. Hier reichen diese «Atemhilfen» nicht aus.

Schmerz wird individuell unterschiedlich empfunden. Die persönliche Schmerzgrenze ist auch von der Sozialisation und von der persönlichen Struktur des Menschen abhängig.

Schmerz ist immer ein Alarmsignal des Körpers. Es kann niemals die Aufgabe der Atemübungen sein, den Schmerz «wegzuatmen», ohne seine Ursachen zu kennen.

Die Selbstheilungskräfte sind größer, als der leidende Mensch sie sich vorstellt.

Mit dem physiologischen Schmerz ist auch emotionale Angst verbunden. Die Furcht vor dem Schmerz führt zu einer Erwartungshaltung, die eine intensive Selbstbeobachtung auslöst und damit eine verstärkte Schmerzempfindlichkeit (Sensibilisierung).

Menschen, die unter Dauerstress leiden, werden schmerzempfindlicher. Gegen diesen Stress-Schmerz sind die hier im Buch konzipierten Entspannungsmethoden außerordentlich wirksam. Zu allem gehört aber der Glaube an sich selbst und die eigenen Selbstheilungskräfte, sie haben einen wesentlichen Anteil an der Gesundung. Die Wirkung einer Eigen-Suggestion ist in keinem Fall zu unterschätzen.

Die folgenden Übungen als Schmerzhilfen sollten Sie erst dann trainieren, wenn Sie sich mit dem *gesamten Atemtraining* vertraut gemacht haben.

1. Entspannungsatmen

Einstimmung.
Sie atmen ganz ruhig «Vollatmung».
Die Atmung geschieht ganz ruhig und gleichmäßig.
Bei jedem Ausatmen stellen Sie sich vor:
daß Spannung aus Ihrem Körper strömt,
so als würde aus einem prall gefüllten Luftballon die Luft ausströmen, strömt mit jedem Ausatmen Spannung aus Ihrem Körper.
Sie atmen so lange unter dieser «Entspannungsvorstellung», bis Sie sich ruhig und völlig entspannt fühlen;
dann gehen Sie zur «unwillkürlichen» Atmung über,
Sie lassen den Atem ganz einfach geschehen
«Es atmet mich».

Nach dieser Übung werden Sie sich entspannt und ruhig fühlen. Sie haben sich in kurzer Zeit angenehm erholt.

2. Atemübung gegen Kopfschmerzen und Migräne (im Stehen)

Einstimmung im Stehen.
Vollatmung.
Beim Einatmen die Arme nach oben recken.
Beim Ausatmen sich mit dem Oberkörper vornüber fallenlassen.
Knie lockern.
Finger berühren leicht den Boden.
Kopf, Schultern, Arme und Hände schütteln, als wolle man sich «ausschütteln».
Atmen Sie dabei laut mit leicht geöffnetem Mund aus.
In dieser Haltung verbleiben.
Der Kopf hängt ganz locker nach unten.
Ruhig und gleichmäßig atmen.
Betont langsam wieder aufrichten; bei einem zu schnellen Aufrichten fließt zuviel und zu schnell Blut zum Herzen zurück. Es kann dabei zu Schwindelgefühlen kommen.

Diese Übung ist auch bei Nacken- und Schulterverspannungen geeignet.

3. Atemübung bei Unterleibsbeschwerden (Menstruationsschmerzen und auch Orgasmusproblemen)

Einstimmung.
Vollatmung.
Die Beine sind angewinkelt aufgestellt, die Füße haben guten Kontakt zum Boden
Sie liegen auf dem Boden.
Vollatmung.
(Variante: Die Beine liegen angewinkelt seitlich auf dem Boden. Die Fußsohlen berühren sich).

Beim Ausatmen schicken Sie den Atem ganz warm in den Unterleib.

Sie fühlen den Unterleib ganz warm werden.

Sie atmen ruhig ein und aus.

Der Atem strömt ganz warm in den Unterleib.

Sie fühlen, wie mit dem Atem Kraft und Energie in den Unterleib strömen.

Sie denken, «Ich lasse los».

«Schmerz gleichgültig» (bei Menstruationsschmerzen).

Sie atmen ganz ruhig und gleichmäßig.

Abschluß: unwillkürlich atmen.

           Atem geschehen lassen.

           Es atmet mich.

           Ruhe fühlen.

4. Atemübung gegen Rückenverspannungen und -schmerzen (im Stehen)

Einstimmung.

Vollatmung.

Beim Einatmen die Wirbelsäule ganz langsam vom Lendenwirbel bis zum Halswirbel aufrichten.

Sie strecken sich, ohne dabei die Schultern hochzuziehen oder den Brustkorb zu weit auszudehnen.

Sie sind dann völlig «aufgerichtet».

Die Spannung kurz halten.

Beim Ausatmen jetzt die Wirbel wieder «loslassen».

Sie spüren, wie Sie wieder «kleiner» werden.

Das Ganze einige Male wiederholen.

Abschluß: ruhig und gleichmäßig atmen.

           Atem geschehen lassen.

           Es atmet mich.

           Ruhe fühlen.

5. Atemübung gegen Rückenverspannungen und -schmerzen (im Stehen)

Einstimmung.
Vollatmung.
Rechte Schulter ganz hochziehen, als wolle man an das Ohr damit kommen, dabei einatmen.
Beim Ausatmen die Schulter fallen lassen.
Einige Male wiederholen.
Linke Schulter hochziehen, dabei einatmen.
Beim Ausatmen Schulter wieder fallen lassen.
Beide Schultern ganz hochziehen, dabei einatmen.
Beim Ausatmen wieder fallen lassen.
Einige Male wiederholen.
Abschluß: ruhig und gleichmäßig atmen.
Atem geschehen lassen.
Es atmet mich.
Ruhe fühlen.

6. Atemübung gegen Darmträgheit

Einstimmung.
Vollatmung.
Sie legen Ihre Hände auf den Bauch (unterhalb des Bauchnabels).
Sie atmen aus und ziehen den Bauch dabei ein.
Versuchen Sie jetzt nicht zu atmen, bewegen Sie dabei die Bauchdecke raus und rein.
Diese Bewegung wiederholen Sie mit gesteigertem Tempo.
Der Bauch «schnellt» förmlich rein und raus.
Wenn Sie wieder einatmen müssen, lassen Sie die Bauchbewegung weg, und atmen Sie ganz passiv – ruhig und entspannt.
Abschluß: «unwillkürlich» atmen.
Atem geschehen lassen.
Es atmet mich.
Ruhe fühlen.

7. Atemübung gegen Schlaflosigkeit

Einstimmung.
Sie liegen ganz entspannt in Ihrem Bett.
Sie lassen «los».
Sie konzentrieren sich ganz auf Ihren Atem.
Sie spüren, wie der Atem langsam durch die Nase einströmt.
Sie fühlen, wie sich Ihr Bauch, Ihre Brust und die Flanken ausdehnen, wie sie sich mit Luft (Atem) füllen (Vollatmung).
Beim Ausatmen strömt der Atem ganz langsam wieder aus.
Sie fühlen ihn durch die Nase herausströmen.
Dies geschieht alles ganz selbständig.
Sie lassen «los».
Beim Ausatmen senkt sich der Bauch, die Brust und die Flanken.
Diese Atmung ganz ruhig und gleichmäßig durchführen.

8. Atemübung gegen Hohlkreuz

Einstimmung.
Vollatmung.
Sie legen Ihre Hände auf den Bauch (unterhalb des Bauchnabels).
Sie atmen in den Bauch ein, die Bauchdecke hebt sich.
Beim Ausatmen den Bauch einziehen, als wollte er sich bis an die Wirbelsäule senken.
Sie fühlen, wie er sie fast an den Boden drückt.
Sie atmen wieder in den Bauch ein, die Bauchdecke hebt sich, die Wirbelsäule bleibt dabei fest am Boden.
Sie atmen aus, Ihre Bauchdecke senkt sich.
Lassen Sie «los» dabei.
Sie atmen ganz ruhig und gleichmäßig.
Abschluß: «unwillkürlich» atmen.
    Atem geschehen lassen.
    Es atmet mich.
    Ruhe fühlen.

Übungshaltungen beim Atemtraining

Im Stehen (auch am geöffneten Fenster)

Im Liegen

Im Sitzen angelehnt – auf einem Stuhl

Im Sessel

Im Sessel mit angelehntem Kopf

Atemtraining im Liegen

1. Übung – Sie «spüren» Ihren Atem
Sie folgen Ihrem Atem, wie er kommt und geht.
Sie konzentrieren sich nur auf Ihren Atem.
Auch wenn Ihre Gedanken abschweifen wollen, lenken Sie Ihre
Konzentration immer wieder auf Ihren Atem.
Sie sind ganz ruhig und gelassen.
Sie atmen ganz ruhig ein und aus.

Nasenatmung

2. Übung
Sie spüren Ihren Atem in der Nase.
Beim Ein- und Ausatmen spüren Sie den Atem an den inneren
Nasenwänden entlangziehen.
Sie atmen ruhig ein und aus.
Sie atmen ganz ruhig und gleichmäßig.

Bauchatmung (Übungen 3–5)

3. Übung
Sie legen Ihre Hände auf Ihren Bauch (unterhalb des Bauchnabels).
Sie atmen in den Bauch hinein.
Sie fühlen, wie sich die Bauchdecke hebt und senkt.
Beim Einatmen hebt sich die Bauchdecke.
Beim Ausatmen senkt sich die Bauchdecke.
Atmen Sie ohne jede Anstrengung oder Anspannung in den Bauch ein und aus.
Sie atmen ganz ruhig und gleichmäßig.

4. Übung
Sie atmen in den Bauch ein.
Sie stellen sich dabei vor, daß Sie den Bauch wie einen Luftballon mit Luft füllen.
Der Bauch wölbt sich nach außen.
Beim Ausatmen lassen Sie den Atem wie bei dem gefüllten Luftballon wieder ausströmen.
Ihr Atem strömt ganz selbständig aus.
Nach dem Ausatmen entsteht ein Vakuum, es ist wie eine kleine Atempause, danach strömt der Atem wie von selbst in den Bauch wieder ein.
Sie atmen ruhig ein und aus.
Sie werden ganz ruhig dabei.

5. Übung – Die Übung 4 wiederholen
Variante.
Beim Ausatmen fühlen Sie den Körper ganz schwer werden.
Er sinkt förmlich in den Boden hinein.
Sie atmen ganz ruhig und gleichmäßig.
Sie sind ganz ruhig und entspannt.

Bauch-, Brust- und Flankenatmung (Vollatmung, Übungen 6–14)

6. Übung

Sie atmen in den Bauch ein.

Die Bauchdecke hebt sich.

Sie atmen weiter in die Brust und die seitlichen Rippenbögen (Flanken) ein.

Beim Ausatmen senkt sich der Bauch, die Brust und die Flanken.

Einatmen in Bauch, Brust und Flanken.

Bauch hebt sich – Brust und Flanken weiten sich.

Beim Ausatmen senkt sich Bauch, Brust und Flanken.

Sie atmen ganz ruhig und gleichmäßig.

Es geschieht nichts mit Zwang oder Anstrengung.

7. Übung

Sie atmen in den Bauch ein.

Die Bauchdecke hebt sich.

Sie atmen weiter in die Brust und Flanken ein.

Brust und Flanken weiten sich.

Nun atmen Sie noch in die Schultern ein (dabei nicht die Schultern heben).

Beim Ausatmen strömt der Atem von oben nach unten aus.

Einatmen in Bauch, Brust, Flanke und Schultern.

Ausatmen aus Schultern, Flanken, Brust und Bauch.

Beim Einatmen strömt der Atem nach oben.

Beim Ausatmen strömt der Atem nach unten.

8. Übung

Sie atmen in den Bauch ein, dann in Brust, Flanken und Schultern.
Dann noch in den Kopf hinein.

Beim Ausatmen strömt der Atem von oben wieder nach unten.

Einatmen in Bauch, Brust, Flanken, Schultern und Kopf (von unten nach oben).

Ausatmen aus Kopf, Schultern, Flanken, Brust, Bauch (von oben nach unten).

9. Übung

Sie legen die Hände auf den Bauch (unterhalb des Bauchnabels).

Sie atmen in den Bauch ein.

Die Bauchdecke hebt sich dabei.

Beim Ausatmen den Bauch einziehen, als wolle er sich an die Wirbelsäule drücken.

Sie fühlen, wie sich die Wirbelsäule gegen den Boden drückt.

Sie atmen in den Bauch wieder ein.

Die Bauchdecke hebt sich.

Die Wirbelsäule bleibt fest am Boden.

Sie atmen aus und Ihre Bauchdecke senkt sich.

Lassen Sie «los» dabei.

Sie atmen ganz ruhig und gleichmäßig.

(Diese Übung ist besonders für Menschen mit Hohlkreuz geeignet.)

10. Übung

Sie legen die Hände auf Ihren Bauch.

Die Mittelfinger berühren sich.

Sie atmen in den Bauch hinein.

Die Bauchdecke hebt sich, die Mittelfinger gehen dabei auseinander.

Sie atmen aus, und die Bauchdecke senkt sich.

Die Mittelfinger kommen wieder zusammen.

Sie atmen ganz ruhig und gleichmäßig.

11. Übung

Sie legen die rechte Hand auf den Bauchnabel, Ihre linke Hand schräg über die rechte.

Beim Ausatmen drücken Sie die Bauchdecke leicht nach innen.

Beim Einatmen lassen Sie die Hände los, weg vom Bauch.

Dabei schnellt der Bauch förmlich nach außen.

Diese Übung ohne starken Druck ausüben.

Sollten Sie trotzdem Schmerzen dabei fühlen, wiederholen Sie die Übung nicht.

12. Übung

Sie legen die Hände auf den Bauch.

Sie atmen aus und ziehen den Bauch dabei zurück.

Versuchen Sie jetzt nicht zu atmen, bewegen Sie die Bauchdecke rein und raus.

Diese Bewegung wiederholen Sie mit gesteigertem Tempo.

Der Bauch «schnellt» jetzt rein und raus.

Müssen Sie wieder einatmen, lassen Sie die Bauchbewegungen sein und atmen Sie passiv, ruhig und entspannt.

(Diese Übung ist gegen Darmträgheit geeignet.)

13. Übung

Sie legen die Hände an die seitlichen Rippenbögen (Flanken).

Beim Einatmen spüren Sie, wie diese sich nach außen dehnen und weiten.

Beim Ausatmen spüren Sie, wie sich die Rippen wieder zusammenschieben.

Sie atmen ganz ruhig und gleichmäßig ein und aus.

14. Übung

Sie legen eine Hand an die seitlichen Rippenbögen und eine Hand auf den Bauch.

Beim Einatmen spüren Sie, wie sich der Bauch und die Flanken dehnen und weiten.

Sie atmen ruhig ein und aus.

Intervallatmung

15. Übung

Sie atmen in den Bauch ein, weiter in die Brust.

Nun halten Sie den Atem an.

Atmen wieder aus.

Atmen wieder ein.

Alle vier Phasen sind gleich lang, die Übergänge harmonisch, fließend.

Einatmen – anhalten – ausatmen – anhalten.
Sie atmen ganz ruhig und gleichmäßig.
Nicht anstrengen oder verspannen.
Diese Übung nicht zu oft hintereinander wiederholen, da Sie sich
sonst leicht angespannt fühlen können.

Wärmeatmung (Übungen 16–28)

16. Übung
Sie atmen in den Bauch, Brust und Flanken und Schultern ein.
Beim Ausatmen lassen Sie den Atem ganz warm in die Arme und
Hände strömen.
Einatmen in Bauch, Brust, Flanken und Schultern.
Ausatmen ganz warm in die Arme und Hände.
Arme und Hände sind ganz warm.
Sie atmen ganz ruhig und gleichmäßig.

17. Übung
Sie atmen in den Bauch, Brust und Flanken und die Schultern ein.
Beim Ausatmen den Atem ganz warm in den Bauch strömen las-
sen.
Einatmen in Bauch, Brust, Flanken und Schultern.
Ausatmen ganz warm in den Bauch – Bauch ganz warm.
Sie atmen ruhig und gleichmäßig ein und aus.

18. Übung
Sie atmen in Bauch, Brust, Flanken und Schultern.
Beim Ausatmen den Atem ganz warm in die Beine und Füße strö-
men lassen.
Die Beine und Füße sind ganz warm.
Einatmen in Bauch, Brust, Flanken, Schultern.
Beim Ausatmen allen Atem ganz warm in die Beine und Füße
strömen lassen.
Sie atmen ruhig ein und aus.

19. Übung

Sie stellen Ihre Beine auf.

Sie atmen in Bauch, Brust und Flanken (Vollatmung).

Beim Ausatmen schicken Sie den Atem ganz warm in den Unterleib.

Der Unterleib wird ganz warm.

Einatmen (Vollatmung).

Atem ganz warm in den Unterleib strömen lassen.

Sie atmen ganz ruhig ein und aus.

(Diese Übung ist für Menstruationsschmerzen und Orgasmusprobleme geeignet)

20. Übung – Übung 19 wiederholen

Variante.

Beim Ausatmen lassen Sie den Atem ganz warm in den Unterleib strömen.

Sie fühlen, wie mit dem Atem Kraft und Energie in den Unterleib strömen.

Sie denken «Ich lasse los».

Sie sind ganz ruhig und gelassen.

Loslassen

Der Atem geschieht ganz ruhig und gleichmäßig.

21. Übung

Sie ziehen Ihre Füße ganz dicht an das Gesäß heran.

Die Beine liegen angewinkelt da, die Fußsohlen berühren sich ganz.

Sie liegen ganz entspannt.

Sie lassen «los» dabei.

Loslassen

Beim Einatmen «Vollatmung».

Beim Ausatmen lassen Sie den Atem ganz warm in den Unterleib strömen.

Der Unterleib ist ganz warm dabei.

Sie atmen ruhig ein und aus.

22. Übung – Übung 21 wiederholen

Variante.

Beim Ausatmen den Atem ganz warm in den Unterleib strömen lassen.

Sie fühlen, wie mit dem Atem Kraft und Energie in den Unterleib strömen.

Unterleib ganz warm.

Sie lassen «los» dabei.

Loslassen.

Sie sind ganz ruhig und entspannt.

23. Übung

Einatmen (Vollatmung).

Beim Ausatmen lassen Sie den Atem warm durch den ganzen Körper strömen.

Der ganze Körper wird warm.

Sie atmen ruhig ein und aus, ruhig und gleichmäßig.

24. Übung

Einatmen (Vollatmung).

Sie atmen doppelt so lang aus, wie Sie einatmen.

Langsam ausatmen.

Sie atmen ganz ruhig und gleichmäßig ein und aus.

25. Übung

Einatmen (Vollatmung).

Beim Ausatmen lassen Sie den warmen Atem so lange über die leicht geöffneten Lippen strömen, bis Sie das Gefühl haben, daß die Lungen ganz leer sind.

26. Übung

Einatmen (Vollatmung).

Beim Ausatmen stellen Sie sich vor, Sie wollten eine vereiste Fensterscheibe auftauen.

Beim Ausatmen spüren Sie Ihren warmen Atem durch den Mund strömen.

Sie atmen ganz ruhig ein und aus.

27. Übung

Einatmen (Vollatmung).

Beim Ausatmen stellen Sie sich vor, Sie müßten eine große, brennende Kerze ausblasen.

Sie atmen ruhig ein und aus.

Sie atmen ganz ruhig und gleichmäßig.

28. Übung – Atem «schwingen» lassen

Beim Einatmen lassen Sie den Atem nach oben «schwingen».

Beim Ausatmen lassen Sie ihn wieder nach unten «schwingen».

Sie atmen ohne Anstrengung oder Verspannung.

Der Atem «geschieht».

Der Atem gleicht einer Ellipse.

Beim Einatmen den Atem nach oben schwingen lassen.

Beim Ausatmen den Atem wieder nach unten schwingen lassen.

Die beiden Atemströme (Ein- und Ausatmen) verbinden sich –
der Atem geschieht ellipsenförmig – ohne Anfang und Ende.

Atemtraining im Stehen

Dynamisches Atmen

Einstimmung. (Die nachfolgenden Übungen beginnen immer mit dieser Einstimmung)
Sie stehen gerade aufgerichtet da.
Die Beine sind gegrätscht.
Die Füße stehen in Schulterbreite voneinander entfernt auf dem Boden.
Die Arme sind entspannt seitlich am Körper.
Sie stehen ganz entspannt da.
Ihr Gesicht ist entspannt.
Sie atmen ruhig ein und aus (Vollatmung).

29. Übung

Einstimmung.

Nun beim Einatmen die Arme nach vorn und dann nach oben rek-
ken.

Die Spannung kurz halten.

Beim Ausatmen wieder nach unten nehmen.

Beim Einatmen die Arme hoch.

Beim Ausatmen die Arme runter.

29 a. Übung

Variante.

Beim Einatmen die Arme hochrecken, beim Ausatmen den Oberkörper vornüber fallen lassen, Kopf, Schultern, Arme und Hände schütteln.

30. Übung (Vogelschwingenatmen)

Einstimmung.

Beim Einatmen die Arme seitlich ausgestreckt nach oben recken.
Spannung kurz halten.
Beim Ausatmen die Arme wieder senken.
Beim Einatmen die Arme hoch.
Beim Ausatmen die Arme runter.

Sie bewegen im Atemrhythmus die Arme wie die Flügel eines großen Vogels, der ganz ruhig seine Schwingen beim Fliegen bewegt.

Die Bewegung der Arme ist ganz harmonisch mit Ihrem Atemrhythmus verbunden.

Eine große Ruhe wird durch diese Übung spürbar.

31. Übung

Einstimmung.

Beim Einatmen die Arme hochrecken.

Beim Ausatmen den Oberkörper nach vorne fallen lassen.

Die Finger berühren leicht den Boden.

Die Knie sind locker.

Beim Einatmen Arme hoch.

Beim Ausatmen sich vornüber fallen lassen.

In dieser Haltung ganz ruhig weiteratmen – ein und aus.

Langsam wieder aufrichten.

32. Übung

Einstimmung.

Beim Einatmen die Arme weit seitlich ausstrecken.

So weit ausstrecken, bis der Brustkorb weit gedehnt ist.

Beim Ausatmen die Arme vorn über Kreuz zusammenschlagen,
als wollten Sie sich umarmen.

Beim Einatmen wird der Brustkorb geweitet.

Er nimmt viel Atem auf.

Beim Ausatmen wird der Brustkorb leicht zusammengedrückt.

Die Lunge wird dabei ganz geleert.

Nach einigen Wiederholungen ruhig einatmen und ausatmen.

33. Übung

Einstimmung.

Sie stehen mit gespreizten Beinen.

Beim Einatmen die Arme hochrecken.

Beim Ausatmen die Arme nach unten bewegen, bis Sie die Fußgelenke umfassen können.

Beim Ausatmen mit geöffnetem Mund den Atem hörbar ausatmen.

Beim Ausatmen – ha – sagen.

Bei diesem – ha – fließt der Atemstrom lange heraus.

Wenn Sie die Fußgelenke umfaßt haben, versuchen Sie, den Kopf so weit wie möglich an die Knie zu drücken.

Bei dieser Übung, die sicher nicht einfach ist, wird die Luft (Atem) optimal aus der Lunge herausgepreßt.

Nach der Übung ruhig und gleichmäßig ein- und ausatmen.

34. Übung

Einstimmung.

Sie stehen mit gespreizten Beinen da.

Beim Einatmen die gefalteten Hände hochrecken.

Sich jetzt so weit wie möglich zurückbiegen.

Beim Ausatmen mit den gefalteten Händen nach unten durch die Beine durchschlagen (Holzhacken).

Den Atem hörbar herauslassen.

Die Hände loslassen und langsam nach oben kommen.

Dabei einatmen.

Ruhig stehen und gleichmäßig ein- und ausatmen.

Reinigungsatmen im Stehen

Einstimmung bei allen Übungen am geöffneten Fenster vornehmen.

35. Übung
Einstimmung.
Beim Ausatmen den Atem solange strömen lassen, bis Sie fühlen, daß die Lungen ganz leer sind.
Ins Vakuum wieder einatmen.
Sich den Unterschied zwischen dem dynamischen, aktiven Einatmen und dem passiven, entspannenden Ausatmen bewußt machen.

36. Übung

Einstimmung.

Vollatmung.

Die Spannung halten.

Beim Ausatmen den Atem «ausstoßen».

Dabei ziehen Sie den Bauch so stark ein, als hätten Sie einen Schlag auf den Bauch bekommen.

Einatmen.

Beim Ausatmen den Atem solange «ausstoßen», bis Sie Ihre Lungen ganz leer fühlen.

Ins Vakuum wieder einatmen.

Ruhig und gleichmäßig weiteratmen.

37. Übung

Einstimmung.

Vollatmung.

Beim Ausatmen den Atem in kleinen Stößen heraus «keuchen».

Ähnlich einer Lokomotive, die ihren Dampf in kurzen Abständen abläßt.

Ruhig einatmen.

Ausatmen in kleinen, keuchenden Stößen, bis Sie Ihre Lungen leer fühlen.

Ruhig und gleichmäßig weiteratmen.

38. Übung

Einstimmung.

Vollatmung.

Beim Ausatmen zählen Sie, wie weit Sie dabei kommen.

Mit einiger Übung erreichen Sie eine viel höhere Zahl.

Einatmen.

Ausatmen und dabei zählen, solange Sie Luft haben, danach ruhig ein- und ausatmen.

Alle Reinigungsatemübungen nicht zu oft hintereinander wiederholen, da es sehr intensive Übungen sind und Ihnen dabei leicht schwindelig werden kann.

Diese Übungen sind sehr wirkungsvoll, da sie die Lunge reinigen und vermehrten Atem aufnehmen lassen.

Für Raucher wichtig.

Besonders effizient sind diese Übungen in der frischen Luft, im Wald und bei Spaziergängen in der Natur.

Intervallatmen im Stehen

39. Übung

Einstimmung.

Vollatmung.

Einatmen – anhalten – ausatmen – anhalten, ins Vakuum wieder einatmen.

Danach ruhig und gleichmäßig ein- und ausatmen.

40. Übung

Einstimmung.

Vollatmung.

Beim Einatmen die Arme hochrecken.

Beim Ausatmen den Oberkörper vornüber fallen lassen.

Die Finger berühren leicht den Boden.

Knie locker.

Sie schütteln jetzt Ihren Kopf, die Schultern, die Arme und die Hände.

Sie lassen alles «schlenkern», wie bei Pinocchio, dem italienischen Kasperle.

Beim Einatmen wieder betont langsam aufrichten, dies ist wichtig, um das Blut wieder langsam zum Herzen fließen zu lassen.

(Diese Übung ist ein wirkungsvolles «Schönheitsmittel», die Gesichtshaut wird stark durchblutet, wenn der Kopf nach unten hängt.)

41. Übung

Einstimmung.

Vollatmung.

Beim Einatmen die Arme seitlich ausstrecken, ganz nach hinten recken, bis sich die Hände fassen können.

Die angefaßten Hände nach vornüber beugen, soweit es Ihnen möglich ist, bei dieser Bewegung ausatmen.

Dann betont langsam die Hände wieder lösen, sich wieder aufrichten.

Ruhig ein- und ausatmen.

Sie atmen ruhig und gleichmäßig.

42. Übung

Einstimmung.

Sie halten die Arme angewinkelt vorn vor der Brust.

Die Hände berühren sich leicht (die Finger).

Jetzt ziehen Sie mit den Ellenbogen die Arme nach hinten, soweit es Ihnen möglich ist.

Die Schultern sind ganz weit nach hinten gebogen.

Die Ellenbogen sind am Rücken so nahe beieinander, daß Sie das Gefühl haben, sie berührten sich fast.

(Nur in der Vorstellung, es ist natürlich noch viel mehr Raum dazwischen).

Dies Nachhintenziehen geschieht beim Einatmen.

Der Brustraum ist extrem geweitet und nimmt sehr viel Luft auf.

Beim Ausatmen Spannung loslassen und die Arme wieder nach unten hängenlassen.

Übungsplan

**Eine Zusammenstellung von Atemübungen,
die sich harmonisch ergänzen.
Jeden Übungsvorschlag beginnen Sie
mit der Einstimmung (Seite 111).**

Übungsvorschlag 1

Einstimmung.

1. Übung
Sie spüren Ihren Atem in der Nase.
Sie verfolgen Ihren Atem, wie er kommt und geht.
Sie konzentrieren sich nur auf Ihren Atem.
Auch wenn Ihre Gedanken abschweifen wollen, lenken Sie Ihre
Konzentration immer wieder auf Ihren Atem.

2. Übung
Nasenatmung.
Sie spüren Ihren Atem in der Nase.
Beim Ein- und Ausatmen spüren Sie den Atem an den inneren
Nasenwänden entlangziehen.
Sie atmen ruhig ein und aus.
Sie atmen ganz ruhig und gleichmäßig.

3. Übung
Bauchatmung.
Sie legen Ihre Hände auf den Bauch (unterhalb des Bauchna-
bels).
Sie atmen in den Bauch hinein.
Sie fühlen, wie sich die Bauchdecke hebt und senkt.
Beim Einatmen hebt sich die Bauchdecke.
Beim Ausatmen senkt sich die Bauchdecke.

Atmen Sie ohne Anstrengung oder Anspannung in den Bauch ein und aus.

Abschluß
«Unwillkürlich» weiteratmen.
Atem «geschehen» lassen.
«Es atmet mich».
Ruhe «fühlen».

Übungsvorschlag 2

Einstimmung.

1. Übung
Nasenatmung.
Sie spüren Ihren Atem in der Nase.
Beim Ein- und Ausatmen spüren Sie den Atem an den inneren Nasenwänden entlangziehen.
Sie atmen ruhig ein und aus.
Sie atmen ganz ruhig und gleichmäßig.

2. Übung
Sie atmen in den Bauch ein.
Sie stellen sich dabei vor, daß Sie den Bauch wie einen Luftballon mit Luft füllen.
Der Bauch wölbt sich nach außen.
Beim Ausatmen lassen Sie den Atem wie bei dem gefüllten Luftballon wieder ausströmen.
Ihr Atem strömt ganz selbständig aus.
Nach dem Ausatmen entsteht ein Vakuum, es ist wie eine kleine Atempause, danach strömt der Atem von selbst in den Bauch wieder ein.
Sie atmen ruhig ein und aus.
Sie atmen ganz ruhig und gleichmäßig.

3. Übung

Sie wiederholen Übung 2.

Variante:

Die Hände liegen wieder seitlich am Körper auf dem Boden (Bett, Liege etc.).

Beim Ausatmen fühlen Sie Ihren Körper ganz schwer werden.

Er sinkt förmlich in den Boden hinein.

Abschluß

Sie atmen «unwillkürlich» weiter.

Atem «geschehen» lassen.

«Es atmet mich.»

Sie sind ganz ruhig und entspannt.

Übungsvorschlag 3

Einstimmung.

1. Übung

Vollatmung (einatmen in Bauch, Brust und Flanken).

Immer von unten nach oben einatmen.

Von oben nach unten ausatmen.

Sie legen die Hände auf den Bauch (unterhalb des Bauchnabels).

Sie atmen in den Bauch hinein.

Die Mittelfinger berühren sich.

Die Bauchdecke hebt sich, die Mittelfinger gehen dabei auseinander.

Sie atmen aus, und die Bauchdecke senkt sich, die Mittelfinger kommen wieder zusammen.

Sie atmen ganz ruhig und gleichmäßig.

2. Übung
Vollatmung.
Sie legen beim Ausatmen die rechte Hand auf den Bauchnabel.
Ihre linke Hand liegt schräg auf der rechten.
Beim Ausatmen drücken Sie die Bauchdecke nach innen.
Beim Einatmen die Hände loslassen, weg vom Bauch.
Dabei «schnellt» der Bauch förmlich nach außen.
Diese Übung ohne starken Druck ausüben.
(Bei Schmerzen die Übung nicht wiederholen).

Abschluß
«Unwillkürlich» weiteratmen.
Atem «geschehen» lassen.
«Es atmet mich.»
Ruhe «fühlen».

Übungsvorschlag 4

Einstimmung.

1. Übung
Sie atmen in den Bauch ein.
Die Bauchdecke hebt sich.
Nun atmen Sie weiter in die Brust und Flanken (seitlichen Rippen-
bögen) ein.
Brust und Flanken weiten sich.
Beim Ausatmen senken sich Bauch, Brust und Flanken.
Sie atmen ruhig ein und aus.

2. Übung
Sie wiederholen Übung 1.

Variante:
Beim Ausatmen lassen Sie den Atem warm über die leicht geöff-

neten Lippen strömen, bis Sie das Gefühl haben, daß die Lungen ganz leer sind.

Der Atem strömt wieder von allein in das entstandene Vakuum ein.

Es ist wie ein Sog; der Atem wird eingesogen.

3. Übung

Sie wiederholen Übung 1.

Beim Ausatmen stellen Sie sich vor, Sie müßten eine große, brennende Kerze ausblasen.

Sie atmen wieder ruhig ein.

Sie atmen ruhig ein und aus.

Sie atmen ganz ruhig und gleichmäßig.

Abschluß

«Unwillkürlich» weiteratmen.

Atem «geschehen» lassen.

«Es atmet mich.»

Ruhe «fühlen».

Übungsvorschlag 5

Einstimmung.

1. Übung

Sie legen die Hände an die Flanken (seitlichen Rippenbögen).

Beim Einatmen spüren Sie, wie sie sich nach außen dehnen.

Beim Ausatmen spüren Sie, wie sich die Rippen wieder zusammenschieben.

Sie atmen ruhig ein und aus.

Sie atmen ganz ruhig und gleichmäßig.

2. Übung

Sie legen eine Hand auf die Flanken, die andere auf den Bauch (unterhalb des Bauchnabels).
Beim Einatmen spüren Sie, wie sich der Bauch und der Brustkorb weiten und dehnen.
Beim Einatmen senken sich Bauch und Flanken.
Sie atmen ruhig ein und aus.
Sie atmen ganz ruhig und gleichmäßig.

3. Übung

Sie legen die Hände auf den Bauch.
Sie atmen aus und ziehen den Bauch dabei zurück.
Versuchen Sie jetzt nicht zu atmen, bewegen Sie die Bauchdecke rein und raus.
Diese Bewegung wiederholen Sie mit gesteigertem Tempo.
Der Bauch «schnellt» jetzt rein und raus.
Wenn Sie wieder einatmen müssen, lassen Sie die Bauchbewegungen sein, und atmen Sie passiv, ruhig und entspannt weiter.

Abschluß

«Unwillkürlich» atmen.
Atem «geschehen» lassen.
«Es atmet mich.»
Ruhe «fühlen».

Übungsvorschlag 6

Einstimmung.

1. Übung

Vollatmung.
Nach dem Einatmen in den Bauch, Brust und Flanken atmen Sie noch in die Schultern hinein.

Beim Ausatmen strömt der Atem von oben (Schultern) nach unten (Bauch).
Ruhig ein- und ausatmen.
Sie atmen ganz ruhig und gleichmäßig.

2. Übung

Sie wiederholen Übung 1.
Nach dem Einatmen in Bauch, Brust, Flanken und Schultern, atmen Sie noch in den Kopf hinein.
Ausatmen von oben nach unten.
Einatmen von unten nach oben (bis in den Kopf).
Ausatmen von oben nach unten.
Sie beatmen so Ihren ganzen Körper.
Sie atmen ganz ruhig und gleichmäßig.

3. Übung

Sie legen die Hände auf den Bauch.
Sie atmen in den Bauch – Bauchdecke hebt sich –.
Beim Ausatmen den Bauch einziehen, als wolle er sich bis an die Wirbelsäule drücken.
Sie fühlen, wie sich die Wirbelsäule gegen den Boden drückt.
Beim Ausatmen drückt sich die Wirbelsäule an den Boden.
Sie atmen wieder in den Bauch hinein.
Die Bauchdecke hebt sich.
Die Wirbelsäule bleibt fest am Boden.
Sie atmen aus, und Ihre Bauchdecke senkt sich.
Lassen Sie «los» dabei.
Sie atmen ganz ruhig und gleichmäßig.

Abschluß

«Unwillkürlich» atmen.
Atem «geschehen» lassen.
«Es atmet mich.»
Ruhe «fühlen».

136

Wärmeatmung

Jeden Übungsvorschlag beginnen Sie mit der Einstimmung, siehe Seite 111.

Übungsvorschlag 7

Einstimmung.

1. Übung
Vollatmung (einatmen in Bauch, Brust und Flanken).
Beim Ausatmen lassen Sie den Atem ganz warm in die Arme und Hände strömen.
Die Hände und Arme sind ganz warm.
Einatmen in Bauch, Brust, Flanken und Schultern.
Ausatmen ganz warm in Arme und Hände.
Sie atmen ruhig ein und aus.

2. Übung
Einatmen in Bauch, Brust, Flanken und Schultern.
Beim Ausatmen lassen Sie den Atem ganz warm in den Bauch strömen.
Der Bauch ist ganz warm.
Einatmen in Bauch, Brust, Flanken, Schultern.
Ausatmen ganz warm in den Bauch.
Der Bauch ist ganz warm.
Sie atmen ruhig ein und aus.
Sie atmen ganz ruhig und gleichmäßig.

3. Übung
Sie liegen entspannt und ruhig da.
Der Körper ist warm.
Der Atem geht ganz ruhig und gleichmäßig.
Sie atmen ganz ruhig ein und aus.

Abschluß
Der Atem «geschieht».
«Es atmet mich.»
Sie fühlen eine große Ruhe in sich.

Übungsvorschlag 8

Einstimmung.
1. Übung
Vollatmung (Bauch, Brust, Flanken, Schultern).
Beim Ausatmen lassen Sie den Atem ganz warm in den Unterleib strömen.
Der Unterleib ist ganz warm.
Einatmen in Bauch, Brust, Flanken und Schultern.
Ausatmen ganz warm in den Unterleib.
Der Unterleib ist ganz warm.
Sie atmen ruhig ein und aus.
Sie atmen ganz ruhig und gleichmäßig.

2. Übung
Vollatmung.
Beim Ausatmen lassen Sie den Atem ganz warm in die Beine und Füße strömen.
Die Beine und Füße sind ganz warm.
Einatmen in Bauch, Brust, Flanken, Schultern.
Ausatmen ganz warm in die Beine und Füße.
Beine und Füße sind ganz warm.
Sie atmen ruhig ein und aus.
Sie atmen ruhig und gleichmäßig.

3. Übung
Vollatmung.

Beim Ausatmen lassen Sie den Atem durch den ganzen Körper strömen.

Der Körper ist ganz warm.

Der Atem zieht wie ein warmer Strom durch den ganzen Körper.

Sie atmen ruhig ein und aus.

Sie atmen ganz ruhig und gleichmäßig.

Abschluß
«Unwillkürlich» atmen.

Atem «geschehen» lassen.

«Es atmet mich.»

Sie «fühlen» Ruhe.

Reinigungsatmen im Stehen

(am geöffneten Fenster)

Einstimmung für die Übungen im Stehen:

Sie stehen gerade aufgerichtet da.
Die Füße stehen in Schulterbreite nebeneinander auf dem Boden.
Die Arme hängen entspannt seitlich am Körper.
Sie stehen ganz entspannt da.
Ihr Gesicht ist entspannt.

Übungsvorschlag 9

Einstimmung.

1. Übung
Vollatmung (einatmen in Bauch, Brust und Flanken).
Beim Ausatmen den Atem so lange strömen lassen, bis Sie das Gefühl haben, daß die Lungen ganz leer sind.
Der Atem strömt von allein in das entstandene Vakuum.
Ausatmen, bis die Lunge ganz leer ist.
Das Ausatmen ist der passive, entspannende Teil.
Im Gegensatz zu dem aktiven, dynamischen Teil des Einatmens.
Diese Gegensätze bewußt wahrnehmen.
Sie atmen ruhig und gleichmäßig ein und aus.

2. Übung
Vollatmung.
Nach dem Einatmen kurz die Spannung halten.
Atempause.
Jetzt den Atem «ausstoßen».
Dabei ziehen Sie den Bauch zurück, als hätten Sie einen Schlag auf den Magen bekommen.

Der Atemstoß dauert so lange, bis Sie Ihre Lungen leer fühlen. In das Vakuum wieder einatmen.

Abschluß:
Sie atmen ruhig ein und aus.
Sie atmen ganz ruhig und gleichmäßig.

Diese intensiven Übungen nicht zu oft hintereinander wiederholen, da sie leicht schwindelig machen können (nur etwa 3 bis 5 mal). Mit der Zeit merken Sie deutlich, was Ihnen gut bekommt.

Übungsvorschlag 10

Einstimmung

1. Übung
Vollatmung.
Beim Ausatmen etwa doppelt solange ausatmen wie einatmen.
Das passive, entspannende Ausatmen bewußt als Gegensatz zu dem aktiven, dynamischen Einatmen «fühlen».
Sie atmen ruhig ein und aus.
Sie atmen ganz ruhig und gleichmäßig.

2. Übung
Vollatmung.
Beim Ausatmen den Atem in kleinen Stößen heraus-«keuchen»; wie bei einer Lokomotive, die in kurzen Abständen ihren Dampf abläßt.
Das Einatmen geschieht mit einem ruhigen Atemzug.

Abschluß:
Sie atmen anschließend ganz ruhig ein und aus.
«Unwillkürlich» atmen und den Atem «geschehen» lassen.
Sie sind ruhig und frisch.

Dynamisches Atmen im Stehen

(am geöffneten Fenster)

Übungsvorschlag 11

Einstimmung.

1. Übung

Beim Einatmen die Arme von vorn nach oben recken.
Die Spannung halten.
Beim Ausatmen die Arme wieder nach unten nehmen.
Beim Einatmen die Arme hoch.
Beim Ausatmen die Arme runter.

Variante:
Beim Ausatmen den Oberkörper vornüber fallen lassen.
Die Knie sind locker.
Die Finger berühren leicht den Boden.
Beim Einatmen die Arme wieder hochrecken.
Beim Ausatmen nach vorne fallen lassen.
Langsam wieder aufrichten.
Ruhig und entspannt dastehen.
Sie atmen ruhig und gleichmäßig.

2. Übung

Beim Einatmen die Arme seitlich ganz weit ausstrecken.
So weit strecken, bis der Brustkorb weit gedehnt ist.
Beim Ausatmen die Arme vorne über Kreuz zusammenschlagen,
als wollten Sie sich umarmen.
Bei diesem Ausatmen wird der Brustkorb leicht zusammenge-
drückt – die Lunge geleert.
Beim Einatmen wird der Brustkorb geweitet und nimmt viel Atem
auf.

Abschluß

Ruhig und gleichmäßig weiteratmen.

Übungsvorschlag 12

Einstimmung.

1. Übung

Vollatmung – dabei die Arme seitlich ausstrecken und nach oben recken.

Spannung halten.

Beim Ausatmen die Arme senken.

Beim Einatmen die Arme hoch.

Sie bewegen im Atemrhythmus die Arme wie die Flügel eines großen Vogels, der im Fliegen seine Flügel ruhig bewegt.

Die Bewegungen sind auf die Atmung ganz harmonisch abgestimmt.

2. Übung

Sie stehen mit gespreizten Beinen.

Beim Einatmen die Arme hochrecken.

Beim Ausatmen die Arme runter, bis Sie die Fußgelenke umfassen können.

Knie locker.

Beim Ausatmen mit geöffnetem Mund – ha – sagen.

Der Atem strömt lange mit diesem – ha – heraus.

Wenn Sie die Fußgelenke umfaßt haben, versuchen Sie, den Kopf soweit wie möglich an die Knie zu drücken.

Bei dieser Übung wird die Luft optimal aus der Lunge herausgedrückt.

Die Übung ist am Anfang sicher etwas beschwerlich.

3. Übung

Beim Ausatmen den Oberkörper nach vorne fallen lassen.

Knie locker.

Die Finger berühren leicht den Boden.

Jetzt Kopf, Schultern, Arme und Hände locker schütteln.

Alles baumeln lassen.

Kopf ganz locker hängen lassen.
Ruhig und gleichmäßig ein- und ausatmen.
Betont langsam wieder aufrichten.

Abschluß
Ruhig und gleichmäßig weiteratmen.

Übungsvorschlag 13

Einstimmung.

1. Übung
Vollatmung.
Die Arme seitlich ausstrecken.
Beim Einatmen nach oben recken.
Spannung halten.
Beim Ausatmen die Arme wieder nach unten nehmen (bis an die Oberschenkel).
Beim Einatmen die Arme von vorn nach oben recken.
Spannung halten.
Beim Ausatmen nach unten nehmen.
Die Arme seitlich ausstrecken, ganz nach hinten recken, bis sich die Hände fassen können.
Die angefaßten Hände ziehen die Schultern ganz weit zurück.
Jetzt sich mit den angefaßten Händen nach vornüber beugen, dabei so weit nach unten kommen, wie es Ihnen möglich ist.
Betont langsam, mit gelösten Händen wieder aufrichten.
Ruhig ein- und ausatmen.
Sie atmen ganz ruhig und gleichmäßig.

2. Übung
Sie stehen mit gespreizten Beinen da.
Beim Einatmen die Arme hochrecken, die Hände sind gefaltet.
Jetzt so weit wie möglich mit dem Oberkörper zurückbeugen.

Beim Ausatmen mit den gefalteten Händen durch die Beine durchschlagen (als wollten Sie Holz hacken).
Wieder langsam aufrichten – Hände loslassen.
Ruhig ein- und ausatmen.
Diese Übung etwa dreimal wiederholen.

3. Übung
Beim Ausatmen den Oberkörper vornüber fallen lassen.
Kopf, Schultern, Arme und Hände schütteln.
Kopf ganz locker hängen lassen.
Langsam wieder aufrichten.
Ruhig ein- und ausatmen.

Abschluß:
Sie atmen ganz ruhig und gleichmäßig.

Übungsvorschlag 14

Einstimmung.

1. Übung
Vollatmung.
Sie halten die Arme angewinkelt vorn über der Brust.
Die Hände berühren sich leicht.
Jetzt ziehen Sie beim Einatmen mit den Ellenbogen die Arme nach hinten, so weit wie es Ihnen möglich ist.
Die Schultern sind ganz nach hinten gebogen.
Die Ellenbogen sind am Rücken so nahe beieinander, daß Sie das Gefühl haben, sie berührten sich fast (nur in der Vorstellung, es ist natürlich noch viel Raum dazwischen).
Der Brustraum ist extrem geweitet und nimmt sehr viel Luft auf.
Beim Ausatmen Spannung loslassen und die Arme wieder nach unten hängen lassen.

2. Übung

Beim Ausatmen sich nach vorüber fallen lassen.
Kopf, Schultern, Arme und Hände schütteln.
Knie locker.
Kopf hängt ganz locker nach unten.
Ruhig dabei ein- und ausatmen.
Betont langsam wieder aufrichten.
Ruhig ein- und ausatmen.
Sie atmen ganz ruhig und gleichmäßig.

3. Übung

Beim Einatmen die Wirbelsäule vom Lendenwirbel bis zum Halswirbel aufrichten.
Sie strecken sich, ohne dabei die Schultern hochzuziehen oder den Brustkorb zu dehnen.
Wenn Sie ganz «groß» geworden sind, Wirbel wieder «loslassen».
Beim Einatmen aufrichten.
Beim Ausatmen wieder «kleiner» werden.

Abschluß:

Sie atmen ruhig ein und aus.
Sie atmen ganz ruhig und gleichmäßig.

Meditative Übungen

Die Meditation ist eine *Versenkungstechnik*, die zu einer tiefen Entspannung und Bewußtseinserweiterung führt. Es ist eine Methode, die eine große innere Ruhe schafft und Körper, Geist und Seele ins Gleichgewicht bringt. Parallel dazu wird das vegetative Nervensystem positiv beeinflußt und damit die Organfunktionen.

Wir sehen und erleben Menschen, Gefühle und die Welt subjektiv. Dies bedeutet aber immer eine Einschränkung und schließt die Wahrnehmung der Welt in ihrer Gesamtheit aus. Wir nehmen nur einen Teil dieser Welt wahr, denn unser Denken, das *Wach-* oder *Tagesbewußtsein* ist eben nur ein Teil aller unserer Bewußtseinsebenen. Wenn man die Welt oder sein gewohntes Ich verläßt, macht man eine transzententale Erfahrung.

Durch die Meditation oder meditativen Übungen wird dieses «Wachbewußtsein» ausgelöst werden, unsere Sinne von der Realität, der unruhigen Welt, abgezogen. Es entsteht in der Versenkung, in diesem großen Ruhezustand, ein Gefühl der Leere. Diese Leere ist ein erstrebenswerter Zustand, denn nur er macht neue geistige Erlebnisse und Erfahrungen möglich. Um dies zu erleben, muß völlige Stille in uns sein. In der Versenkung «geschieht» die Stille. Wir können sie uns nicht befehlen.

Geistige Kräfte, Kreativität und Phantasie zu wecken oder zu erweitern, zu vergrößern, bedarf der Übung. Ähnlich wie bei unseren Muskeln – auch sie verkümmern, wenn man sie nicht benutzt und bewegt. Zur Selbstfindung und -verwirklichung sind geistige Kräfte wie Kreativität und Phantasie nötig. Die «Verkopfung» oder «Kopflastigkeit» unserer Zeit ist für viele Menschen ein Hindernis, spontan zu fühlen, wahrzunehmen und zu erleben. Wir handeln eher nach vorgegebenen Mustern und Erfahrungen, als aus unseren unmittelbaren emotionalen Bedürfnissen heraus. Wir sind nicht wir selbst, sondern die Summe der Bilder und Erwartungen, die andere von uns haben und denen wir, aus Angst vor dem Verlust an Liebe und Anerkennung, zu entsprechen suchen.

Es besteht eine beträchtliche Differenz zwischen dem «Selbstbild» und dem «Fremdbild». Das Bild, das wir von uns selbst haben, und das die anderen von uns haben, stimmt selten überein. Das ist die Ursache vieler menschlicher Probleme.

In den vorangegangenen Kapiteln wurde dargestellt, welche fatalen Wirkungen die abgedrängten Wünsche und Bedürfnisse auf den betroffenen Menschen haben. Das Finden zu sich selbst, zu seinen Wünschen und Bedürfnissen, zu einer größeren Selbstentfaltung wird durch meditative Übungen erleichtert. Erst einmal muß man Vertrauen zu sich selbst haben, man muß sich «annehmen» können. «Ich bin, was ich bin.» Diese Selbstakzeptanz ist ein wesentlicher, innerpsychischer Vorgang auf dem Weg zur Selbstfindung und -verwirklichung.

Das Finden zu sich selbst bedeutet Befreiung von Zwängen und Ängsten. Das «befreite Selbst» wird versuchen, im Sinne seiner eigentlichen, subjektiven Interessen und Bedürfnisse zu handeln.

Allen geistigen- und Versenkungsübungen geht die Kontrolle, Regulierung und Verlangsamung der Atmung voraus. Unsere Atmung nun hängt unmittelbar mit unserem psychischen Erleben zusammen. Ob wir ruhig oder hektisch atmen, ist nicht nur die Frage der körperlichen Betätigung, sondern auch der inneren (seelischen) Befindlichkeit. Eine Voraussetzung zur Konzentration, dem Sammeln geistiger Energien, ist die Beherrschung des bewußten Atmens. Atmung und Entspannung sind die Grundlagen für den Erfolg bei meditativen Übungen.

Wir schaffen einen Schonraum, eine geistige Klause, in der die Innenschau, die Introspektion, das Zu-sich-«Finden» erst möglich wird. Durch das Ausschalten unseres bewußten Denkens wird ein tiefer Ruhezustand erreicht, der dem Schlaf ähnlich ist. Man schläft aber nicht wirklich ein, sondern macht das Bewußtsein für eine Weile «leer». Jede Spannung, die bewußte oder unbewußte, wird ausgeschaltet. Ein Gefühl tiefer Ruhe und Gelassenheit erfüllt den Übenden. Nichts Wesentliches stört mehr, ein Gefühl wirklichen Friedens wird erlebbar. Es ist, als erschließe man sich eine natürliche Kraft- und Energiequelle.

Selbstheilungskräfte werden mobilisiert und vermehrt. Positive Gedanken sinken während der meditativen Übungen ins Unterbewußtsein, von dort wirken sie auf das gewünschte Verhalten oder «Sein» ein.

Man begibt sich auf neue Bewußtseinsebenen und entwickelt eine neue Dimension des «Sehens».

Dr. J. H. Schultz sagt:

«Es ist die persönliche Vertiefung des Menschen in sein körperliches ‹Ich›. Der Weg zum sich Selbst-Erleben und Selbst-Finden ist damit offen.»[20]

Durch die Meditation oder mediativen Übungen wird der Weg zu unserer «Mitte» frei, diesem Zentrum aller Vitalenergien.

Sich «selbst-bewußt» wahrnehmen und zu akzeptieren ist eine unabdingbare Voraussetzung zur Selbstentfaltung. Die Persönlichkeit eines Menschen entfaltet sich durch eine Bewußtseinserweiterung. Der selbstentfaltete Mensch kann auch gut mit sich allein sein, mit sich umgehen. Das Alleinsein macht ihm keine Angst. Die tiefe Ruhe, die innere Harmonie, die ein Teil seines Selbst geworden ist, läßt ihn das Leben sinnlicher und bewußter erleben.

Schöpferisch sein zu können, handeln zu können, ohne «machen» zu wollen, bedeutet eine große, persönliche Freiheit.

Laotse sagt: «Der Weg ist wichtiger als das Ziel.»

Dies beschreibt den fundamentalen Unterschied zu unserem westlichen, primär zielgerichteten Denken und Handeln. Hat man

---

[20] Schultz, a. a. O.

immer nur ein Ziel vor Augen, verliert man das «Sehen» und «Schauen» auf die Dinge am Weg.

Es ist erschreckend oft zu beobachten, daß Menschen, die sich auf «ihrem Weg» hetzen, nur ihr Ziel im Auge, sich der vielseitigsten Eindrücke und Erlebnisse berauben.

Meditative Übungen können ein Gegengewicht zu den hohen Anforderungen unserer übertechnisierten Gesellschaft mit all ihren Normen und Zwängen sein. Sie können den körperlichen und seelischen Deformationen, die auch durch Stress entstehen, wirkungsvoll begegnen.

Freude am Leben ist eine Erfahrung, die der meditierende Mensch intensiver und bewußter erlebt. Es ist ein Weg, der Inneres bewußtmacht und Körper, Geist und Seele wieder «ins rechte Lot» bringt. Man erkennt, was für einen selbst wirklich «wichtig» ist, setzt Prioritäten anders und verliert das Interesse am «Unwesentlichen».

Was ist «klassische» Meditation?

Es gibt viele Formen der Meditation.

Es gibt m. E. wertfreie und ideologisierte Meditation. Menschen, die in Gruppen mit einem Leiter Meditation erlernen, sind von dessen Einstellung abhängig; subjektive Faktoren sind nicht auszuschalten. Jede Methode ist nur so gut wie ihr Interpret, dies gilt nicht nur für die Meditation.

Die «klassischen» Meditationslehren des *Zen* und *Yoga* haben ihre Wurzeln in einer fernöstlichen, religiös-philosophischen Tradition, die sich wesentlich von der christlich-abendländischen unterscheidet.

Auf diese Merkmale ausführlich einzugehen, würde Ziel und Umfang dieses Buches weit überschreiten. Zu diesem Thema gibt es umfangreiche Literatur.

Meditation (lat. meditatio = Denken, Sinnen, Betrachten) bedeutet, kosmisch-mystische Erfahrungen zu machen, die Suche nach Gott, dem «Eins-werden» mit Gott. Die Kontemplation (lat.) als eine schauende (Selbst)-Versenkung in Werk und Wort Gottes ist ein wesentlicher Bestandteil der «klassischen» Meditation. Ein weiterer wichtiger Aspekt ist die Überwindung des eigenen Ichs zur Freisetzung geistiger Kräfte.

Die Menschen des modernen Industriezeitalters können diesen «Weg nach innen» durch «klassische» Meditation nicht leicht finden. Die Mentalität der westlichen Menschen unterscheidet sich von der der Menschen aus östlichen Kulturkreisen besonders durch eine starke Ich-Bezogenheit. Hast, Hektik und Unruhe bestimmen das Leben der Industriezeitalter-Menschen und stehen den Voraussetzungen für «klassische» Meditation voll entgegen. Für ihn sind andere Wege zu suchen, um die helfende und auch heilende Wirkung der Meditation zu transportieren. Die Übungen müssen westlichen Bedürfnissen angepaßt sein und einfach in das alltägliche Leben zu integrieren sein.

Die in diesem Buch beschriebenen meditativen Übungen sind

aus eigenem Erleben und aus der Arbeit mit vielen, sehr unterschiedlichen Menschen entstanden. Sie waren für viele eine große Bereicherung ihres Lebens.

Die meditativen Übungen durch «gelenkte» Phantasie sind auch «Bild-Meditationen».

«Das Bilderleben kann durch den gesteuerten oder ungesteuerten Ablauf der Bilder gelenkt werden.»[21] Durch diese Übungen wird die eigene Phantasie wieder verstärkt angeregt; der Grad der Erholung und Entspannung ist dabei sehr groß.

Bei den «gelenkten Phantasieübungen» ist das Festhalten an den vorgegebenen Bildern aber kein «Muß»; man kann diesen folgen oder der eigenen Phantasie nachgehen. Man «höre» und «sehe» in jedem Fall nur auf das, was aus dem eigenen «Innen» kommt. Es sind Anregungen, keine Diktate.

[21] Hoffmann, a. a. O.

Verschiedene Übungshaltungen

1. Der «halbe» Lotussitz.

Sie sitzen aufrecht, ein Fuß an der Innenseite des Oberschenkels, der andere Fuß liegt über Kreuz mit nach oben gerichteter Fußsohle dicht an dem anderen Oberschenkel.

Die Hände liegen locker im Schoß. Die linke Hand ist in die rechte gelegt, die Daumen berühren sich dabei. Oder man legt die Hände mit nach oben geöffneten Handflächen auf die Knie.

2. Schneidersitz.

Die Beine locker verschränkt.

Kopf gerade halten. Die Hände in den Schoß legen, die linke Hand in die geöffnete rechte, die Daumen berühren sich oder die Hände mit nach oben geöffneten Handflächen auf die Knie legen.

3. Fersensitz.

Sie setzen sich auf Ihre Fersen, den Oberkörper aufgerichtet. Die Hände auf die Knie legen oder im Schoß verschränken. Man kann sich zur Entlastung ein Kissen zwischen Gesäß und Fersen legen.

4. Auf einem Stuhl.

Sie setzen sich auf einen Stuhl. Oberkörper aufgerichtet. Kopf gerade halten. Hände entweder auf die Oberschenkel legen oder locker in den Schoß.

5. In einem Sessel.

Sie setzen sich in einen Sessel. Rücken und Kopf angelehnt. Bei einem niedrigen Sessel Kopf aufrecht halten. Die Hände locker in den Schoß oder auf die Oberschenkel legen.

6. In einem Sessel.

Sie setzen sich in einen Sessel ohne Seitenlehnen. Die Beine und Füße ineinander verschränkt (Schneidersitz). Die Hände entweder locker in den Schoß legen, linke Hand in die offene rechte Hand, Daumen herühren sich, oder Hände auf die Knie legen.

7. Im Liegen.

Sie liegen auf dem Boden. Die Hände seitlich neben den Körper auf den Boden oder aber auf den Bauch legen.

Erläuterungen zu den verschiedenen Übungshaltungen

Die Übungshaltungen 1 bis 3 sind typische Meditationshaltungen, wobei der «klassische» Lotussitz nicht mit einbezogen ist, da er sehr viel Übung erfordert und für den Anfänger nicht ungefährlich ist.

Die Übungshaltungen 1 bis 3 halten den Körper in einer «eutonischen» Haltung (eu = gut und Tonus = Spannung). Das heißt also, die Muskeln befinden sich in einer «guten Spannung» und halten den Körper in einem ausgewogenen «Gleichgewicht».

Der Atem kann frei durch den Körper fließen.

Es ist für den ungeübten oder bandscheibengeschädigten Menschen nicht einfach, längere Zeit entspannt in dieser Haltung zu bleiben; für diese Menschen möchte ich die Übungshaltungen 4 bis 6 vorschlagen. Durch Anlehnen, ob auf dem Stuhl oder im Sessel, ist eine größere Entspannung der Rückenmuskulatur möglich.

Die Übungshaltung 7, das Liegen, ist die bequemste und auch «lustvollste», entspannendste. Ihr Nachteil ist, daß man die Grenze zum Einschlafen leicht überschreitet und den Atemstrom, der aus der Mitte aufsteigt, und die damit verbundene Wärme nicht ganz so intensiv spürt.

Nach einigen Experimenten wird jeder seine «Lieblingshaltung» gefunden haben. Ein «Richtig» kann es hierbei nicht geben. Richtig ist wieder das, was Ihnen am besten bekommt und gefällt.

Übungsanleitungen für die meditativen Übungen

Äußere Bedingungen

- Nehmen Sie sich Zeit.
- Üben Sie nie mit vollem Magen oder nach anregenden Getränken.
- Sorgen Sie für einen gut durchlüfteten Raum.
- Üben Sie auch im Freien.
- Stellen Sie vermeidbare Lärmquellen ab.

Einstimmung

- Fühlen Sie Ihren Körper ganz bewußt im Sitzen oder Liegen.
- Sie spüren Ihren Körper ganz bewußt und intensiv.
- Sie spüren sich «körperlich».
- Lassen Sie Spannung los – geben Sie alle Spannung ab.
- Entspannen Sie sich.
- Konzentrieren Sie sich auf Ihre Atmung.
- Beobachten Sie Ihre Atmung.
- Verfolgen Sie Ihre Atmung.
- Lassen Sie Ihren Atem los.
- Lassen Sie den Atem fließen.
- Beim Einatmen fließt der Atem nach oben.
- Beim Ausatmen fließt der Atem nach unten, in die «Mitte», in den Bauch zurück.
- Sie fühlen den Atem ganz ruhig fließen.
- Der Atem strömt wie Wellen nach oben und wieder nach unten.
- Die Atmung geschieht in einem länglich gezogenen Kreis, einer Ellipse.
- Sie fühlen sich entspannt und ruhig.
- Sie sind ganz in sich «versunken».

– Nichts stört mehr.
– Sie lassen alles zu, was geschieht.
– Sie greifen nicht in das «Geschehen» ein.
– Sie sind vollkommen ruhig und entspannt.

Wenn Sie diesen Punkt erreicht haben, überlassen Sie sich Ihren eigenen Gefühlen, Gedanken, Phantasien und Empfindungen oder stellen sich auf die beschriebenen «Bilder» ein.

Lassen Sie Ihre Phantasie ihre eigenen Wege gehen.

In der Versenkung oder dem meditativen Zustand spüren Sie Ihren Atem wie einen Strom durch den Körper fließen. Es ist ein Energiestrom, denn Atem ist auch Energie. Mehr Atem heißt mehr Sauerstoff, die wichtigste Nahrung für den Organismus.

Nach den Übungen nehmen Sie die Zurücknahme kräftig vor, um Ihren Kreislauf wieder anzuregen. Sie fühlen sich danach erholt, ausgeruht und frisch.

Zurücknahme

– Fäuste machen, Arme kräftig recken und strecken.
– Tief durchatmen.
– Augen aufmachen.

Texte für gelenkte Phantasien

Einstimmung – siehe Seite 162

Ruhezustand – bewußtes Atmen – Atem frei fließen lassen

Du siehst eine Blume vor Dir.
Sieh sie Dir genau an.
Ihre Form und Farbe.
Ihre Blätter – deren Form und Farbe.
Vielleicht nimmst Du den Duft der Blume wahr.
Schau Dir die Umgebung an, in der sich die Blume befindet.

Du siehst einen Baum vor Dir.
Du siehst ihn Dir genau an.
Du siehst seine Wurzeln – seinen Stamm.
Du siehst die Rinde.
Dein Blick wandert den Stamm hinauf zu den Ästen.
Du siehst die Äste – die Blätter.
Du schaust Dir die Umgebung an, in der der Baum steht.

Du liegst auf einer Wiese.
Du fühlst das Gras unter Dir.
Vielleicht riechst Du den Duft des Grases.
Du siehst die vielen verschiedenen Gräser, Blumen.
Du schaust zum Himmel hinauf.

Du liegst in einem Boot.
Du fühlst das warme Holz unter Dir.
Du riechst vielleicht das Holz.
Du spürst die Bewegung des Wassers unter Dir.
Das Boot schwingt sanft auf den Wellen.
Auf und ab – auf und ab.
Du spürst Deinen Atem in dem Rhythmus der Wellen.
Ein und aus – ein und aus.

Du sitzt am Rande eines Feldes.
Es ist Sommer.
Vor Dir ein großes Kornfeld.
Es bewegt sich leicht im Wind.
Hin und her – hin und her.
Du spürst Deinen Atem im gleichen Rhythmus.
Ein und aus.

Du sitzt auf einer Bank im Park, umgeben von Büschen.
Du siehst einen Tautropfen an einem Ast hängen.
Du schaust ihn Dir an.
Siehst, wie sich die Sonne in ihm spiegelt.
Alle Farben des Regenbogens schimmern in ihm.

Du sitzt am Feuer.
Du siehst die Flammen, siehst ihre Farben, ihre Form.
Siehst die Bewegung der Flammen.
Du spürst die Wärme des Feuers.

Du liegst im Sand an einem Strand.
Du fühlst den Sand warm unter Dir.
Die Sonne scheint und wärmt Deinen Körper.
Du hörst das Rauschen des Meeres.

Du sitzt auf einer Bank im Park.
Vor Dir eine Wiese.
Weit vor Dir hohe, große Bäume.
Vögel sitzen in den Büschen.
Du hörst sie singen.
Du siehst zum Himmel.

Du stehst hoch oben auf einem Berg.
Du hast einen weiten Blick.
Du siehst weit ins Land hinein.
Dein Blick geht ohne Grenze.
Du schaust zum Himmel.

Du stehst am Rande eines Waldes.
Vielleicht willst Du Dich ins warme Gras setzen.
Du siehst vor Dir eine große Wiese.
Über dieser Wiese siehst Du einen großen Vogel.
Er zieht große Kreise.
Ganz ruhig zieht er seine großen Kreise.

Du siehst eine Blüte vor Dir.
Sie ist ganz geschlossen.
Du siehst, wie sie sich ganz langsam öffnet.
Ganz langsam öffnet sie sich.

Du siehst eine Kerze vor Dir.
Du schaust sie an – wie sie brennt.
Du siehst die Farbe der Flamme.
Siehst die Bewegung der Flamme.

Du sitzt auf einer Bank am Rande eines Sees.
Du schaust über den See – aufs Wasser.
Du siehst die Farbe und Bewegung des Wassers.

Du bist an der Quelle eines Baches.
Du siehst das Wasser herausfließen.
Du stellst Dir den Verlauf dieses Baches vor.
Du gehst in Gedanken den Weg des Wassers mit.
Du verfolgst das Wasser bis zu seiner Mündung –
irgendwo.

Du sitzt in einem Hof.
Eine Katze spielt und springt umher.
Du schaust ihr zu.
Vielleicht magst Du mit ihr spielen.

Du sitzt am Meer – und schaust unendlich weit.
Die Wellen gehen ganz ruhig.
Dein Atem gleicht der Bewegung der Wellen.
Er geht ganz ruhig – ein und aus.

Es ist vielleicht früh am Morgen.
Der Himmel färbt sich zart rot.
Die Sonne steigt ganz langsam aus dem Meer auf.
Sie wird größer und strahlender.
Sie ist ganz groß und hell am Himmel.
Du fühlst vielleicht diese Helligkeit auch in Dir.
Dir ist wohl.

Du liegst ganz entspannt.
Du bist ruhig und entspannt.
Die Ruhe strömt durch Deinen Körper.
Ein Gefühl von Leichtigkeit durchdringt Dich.
Es ist, als ob Du schweben würdest.

Du liegst ganz entspannt.
Du bist ganz ruhig und entspannt.
Eine große Ruhe durchströmt Dich.
Du fühlst die Ruhe durch alle Deine Poren dringen.
Die Ruhe ist jetzt in Dir.
Du bist Ruhe.

Erfahrungsberichte aus der Praxis

In manchen Publikationen sind solche Berichte etwas reißerisch aufgemacht, so daß sie der Sensationslust der Menschen entgegenkommen. Sie haben oft etwas Voyeuristisches, und deshalb war ich in Zweifel, ob ich einige der menschlichen Schicksale, mit denen ich für einige Zeit in Berührung gekommen war, aufzeigen sollte. Ich habe mich dann doch dazu entschlossen, da ich meine, daß diese Berichte eine Hilfe sein können, um festzustellen, daß andere Menschen ähnliche oder sogar gleiche Probleme haben, und um zu erfahren, wie sie mit diesen besser umgehen lernten. Es ist vielleicht eine Erleichterung und auch Entlastung, sich nicht mehr als alleiniger «Versager» in bestimmten Lebenskrisen zu fühlen.

Vielleicht helfen die Beispiele dann auch bei der eigenen Problemlösung.

Ich möchte als erstes eine junge Frau vorstellen, die in einer Frauengruppe war, die sich immer am Vormittag traf. Sie bestand fast nur aus Hausfrauen, die Autogenes Training, Yogagymnastik und Atemtraining lernen wollten. Durch die verbale Reflektion der Erfahrungen mit den unterschiedlichen Übungen, wird eine solche Gruppe meist – eher unbeabsichtigt – zu einer Selbsterfahrungsgruppe. Diese Frau war zunächst recht offen und lebhaft, wurde aber im Verlaufe des Seminars immer stiller. Sie wirkte nun verschlossen, oft grüblerisch und abwesend. Sie gab zu verstehen, daß sie sich nicht wohl fühle. Sie habe Probleme mit ihrem etwa 4jährigen Sohn. Dieser schlief seit seiner Geburt keine Nacht durch, und durch diese Belastung, die durch ihre Erwartungsangst noch verstärkt wurde, verlor sie auch ihren früher guten Schlaf.

Die ganze Familie fühlte sich sehr belastet. Das AT und die Atemübungen bekamen ihr sehr gut, sie lernte sie relativ schnell. Sie übte auch zu Hause regelmäßig.

Im zweiten Kurs, der nach einer Zwischenpause als Fortsetzungskurs angeboten wurde, schien sie eine ganz andere zu sein. Sie beteiligte sich wieder rege und wirkte gesünder und frischer. Sie erzählte ohne Aufforderung von ihrer häuslichen Situation. Es schien für sie ein kleines Wunder geschehen zu sein. Der Sohn schlief jetzt jede Nacht durch. Sie sei sehr glücklich und befreit; jetzt schlafe sie seit Jahren das erste Mal wieder gut und auch durch. Auch ihr Mann sei froh über diese Entwicklung. Sie erzählte nun ganz offen über ihre eheliche Beziehung. Diese hatte während der letzten vier Jahre, seit der Geburt des gewünschten Sohnes, gelitten. Sie sei abends viel zu müde und auch zu deprimiert gewesen, um sich auf eine lustvolle Erotik einzustellen. Aber jetzt sei alles wieder im «Lot».

Da ich die näheren Einzelheiten dieser Familienstruktur nicht kannte, kann es bei der Erklärung nur um Vermutungen gehen.

Die Frau fühlte sich durch die Geburt ihres ersten Kindes überfordert. Sie war überaus nervös und erregt gewesen, in ständiger Spannung. Dies hatte seine unmittelbaren Auswirkungen auf das Kind. Es nahm die Spannung und Unruhe der Mutter «hautnah» wahr und reagierte entsprechend.

Durch den täglichen Umgang mit der konzentrativen Selbstentspannung wurde die Mutter wesentlich ruhiger, gelassener und ausgeglichener. Sie nahm viele Dinge nicht mehr so wichtig. Sie konzentrierte sich auf Wesentliches. Sie setzte ihre Prioritäten anders.

Das Kind beruhigte sich, es «re-agierte» sofort. Durch diesen Erfolg war die Frau motiviert, in der Gruppe und mit dem AT weiterzumachen. Sie war fröhlicher und ging entspannter mit ihrem Kind um. Dies verstärkte bei dem Kind ein neues Gefühl der Ruhe und Geborgenheit, und es konnte seine «Kränkungen» aufgeben.

Der Kreis schloß sich, als sich die Frau auch ihrem Mann wieder liebevoll und sexuell aufgeschlossen zuwenden konnte.

In dieser Familie war das Kind der «Symptomträger» eines Familienkonfliktes.

Der Familientherapeut, Prof. H.-E. Richter, hat viele dieser Fälle beschrieben, in denen das Kind nicht behandelt wurde, sondern durch das veränderte Verhalten der Eltern die Symptome beim Kind verschwanden.

Nach einem Jahr kam die Frau wieder in einen Kurs und berichtete, daß die vielen aufklärenden Gespräche in der Gruppe und das AT ihr zu einer neuen Einsicht verholfen hätten. Sie verfüge über mehr Ruhe, Gelassenheit; ihr Selbstbewußtsein sei durch ihren «Erfolg» gestiegen, kurzum, ihre Familie sei «gerettet».

Ein Mann um die Vierzig wurde von seinem Arzt an mich überwiesen. Er litt seit vielen Jahren an einer schweren Schlafstörung, und der Arzt weigerte sich, ihm weiterhin Schlafmittel zu verschreiben. Er empfahl ihm das Autogene Training.

Der Mann hatte einige Jahre an einer Gruppentherapie teilgenommen und wollte keine ursachenaufdeckende Therapie mehr auf sich nehmen. Er wollte «nur» wieder schlafen können. Er lernte AT und Atemtraining in Einzelstunden. Zu Beginn der Stunde sprachen wir über sein «Jetzt und Hier», nur selten über seine Vergangenheit, über frühkindliche Erlebnisse. AT lernte er sehr schnell. Es wurde bei den Gesprächen deutlich, daß er sich in seiner langjährigen Ehe nicht mehr glücklich fühlte. Er lebte mehr neben als mit seiner Frau. Seinen beiden Kindern war er sehr zugetan. Er hatte beruflichen und finanziellen Erfolg und bewegte sich in einer privilegierten Gesellschaftsschicht. Er konnte seine wirklichen Wünsche und Gedanken seiner Frau nie mitteilen, da diese mit Angst darauf reagierte und fürchtete, daß er sich weiter von ihr weg entwickeln würde.

Die Schlafstörungen waren in kurzer Zeit behoben. Es kam während der Übungen zu schönen, meditativen Zuständen, die er sehr genoß, aber seiner Frau verheimlichen mußte, da sie auf dieses «Ausflippen» heftig reagierte. Es war eine «Konkurrenz» für sie. Sie hatte daran keinen Anteil.

Die Ehe kam in eine akute Krise. Das Ehepaar beschloß, sich für eine Weile zu trennen.

Der Mann dankte mir telefonisch für die Stunden und gestand seinen Wunsch, so zu leben, wie er sich das vorstellte. Dazu sei leider eine Trennung nötig, da seine Frau nicht bereit wäre, ihm neue Freiräume zu gestatten. Er wolle jetzt «seinen» Weg gehen. Er danke mir für vieles.

Mir war nach diesem Gespräch nicht wohl. Ich solidarisierte mich mit seiner Frau. Ich kannte sie nicht. Mein Patient lehnte entschieden ein Kennenlernen ab, er wolle keine Ehepaartherapie. Meine «Aufgabe» sei mit der Beendigung der Schlafstörungen erledigt. Der «Nebeneffekt» der Therapie schien für den Patienten die Erkenntnis über seine Ehe zu sein und das Entdecken seiner ureigensten Wünsche und Bedürfnisse.

Hier ist wieder einmal exemplarisch aufzuzeigen, daß AT eben keine reine Symptombehandlung ist.

Mit der Aufhebung der Schlafstörung wurde das Allgemeinbefinden des Mannes gebessert, er fühlte sich wieder stark und hatte das dringende Bedürfnis, seine Wünsche in die Tat umzusetzen, koste es, was es wolle. Und es kostete die Familie wohl einiges.

Die Ursache für die Schlafstörung war wohl auch in dem Ehekonflikt zu suchen. Dieser war in der psychischen Biographie der beiden Eheleute begründet. Persönlichkeitsentwicklungen, die in der Kindheit begannen.

Ich verlor den Patienten auf seinen eigenen Wunsch hin aus den Augen.

Eine Frau in mittleren Jahren war zu einem Alkoholentzug in einer privaten Nervenklinik. Nach der Entlassung wollte sie zur Stabilisierung AT mit formelhaften Vorsätzen bei mir in Einzeltherapie lernen. Sie hatte schon einige Entzüge hinter sich, hatte dreimal deswegen ihre Stellung verloren und wollte jetzt unbedingt «trocken» werden. Sie hatte schon einige Erfahrungen mit AT und lernte recht schnell. Sie bekam «ihre» Formel, die sie an jedes AT anhängen mußte. Es wurde als Code in ihr Unterbewußtsein eingegeben.

In den Gesprächen wurde sichtbar, daß sie als Autodidaktin unter lauter Akademikern in ihren jeweiligen Stellungen unter einem erheblichen Minderwertigkeitskomplex litt. Sie hatte eine beachtliche Karriere hinter sich, meinte aber, alle Mitarbeiter würden sie wegen ihrer nichtakademischen Ausbildung geringer achten. Sie hatte sehr wenig Selbstbewußtsein. Sie konnte dies, das ergab sich aus den Gesprächen, auch nicht in einer äußerst schweren Kindheit erwerben. Sie wurde über Jahre geschlagen und ständig als Versager angesehen.

Sie wollte ihren Beruf nun wechseln, in einer weniger verantwortungsvollen Position mehr innere Ruhe finden und aus dieser heraus überlegen, was für die Zukunft zu planen sei. Aber das war eine *rationale* Entscheidung, ihr *emotionaler* Wunsch war, weiterhin eine so vielseitige, leider aber sehr stressige Stellung einzunehmen.

Die Zusammenhänge zwischen ihrer Sucht und der beruflichen Überforderung waren ihr klar geworden. Während der Therapie wurde sie trocken. Ich konnte für sie nichts weiter tun und empfahl ihr, eine psychoanalytische Therapie zu beginnen, um ihre Kindheit aufzuarbeiten. Sie nahm Kontakt zu einem Psychoanalytiker auf und fing nach ihrem Urlaub mit der Therapie an. Sie war sich bewußt, daß keine leichte Zeit vor ihr lag, daß schmerzvolle Erinnerungen aufgedeckt würden, die sie lange Zeit zu ihrem eigenen Schutz verdeckt oder verdrängt hatte. Aber sie schien guten Mutes. Ihr Freund wollte sich in dieser Zeit sehr um sie kümmern, damit sie diese Zeit durchstehen konnte. Diese Beziehung war vor dem Entschluß, eine Therapie zu beginnen, sehr belastet gewesen, und eine baldige Trennung war vorauszusehen.

Nach einem Jahr hörte ich von ihr, daß es nicht leicht für sie war, sich der Trauer ihrer Kindheit wieder zu stellen, es ginge aber trotz allem «bergauf».

Eine Frau um die Fünfzig kam in eine Frauengruppe, die sich am Abend zu Yoga, AT und Atemtraining traf. Die meisten Frauen waren um die 30, zwei Frauen etwa 50 Jahre alt. Trotz der recht unterschiedlichen Lebenserfahrungen und -situationen entstand ein herzliches, anteilnehmendes Verhältnis unter den Frauen. Es war eine wohltuende Toleranz zu spüren; es gab keine Wertungen oder Verurteilungen.

Diese Frau war seit 30 Jahren verheiratet, hatte zwei erwachsene Kinder, die außer Haus lebten, und zu denen sie ein sehr gutes Verhältnis hatte. Ihr Mann war recht dominierend. Die Kinder lebten räumlich und emotional von ihrem Vater getrennt, empfanden aber eine ironisch-wohlwollende Freundschaft ihm gegenüber. Von Zeit zu Zeit aber gab es lautstarke Auseinandersetzungen, da die Kinder die Position der Mutter verteidigten. Die Frau hatte sich, auch durch die Frauenbewegung unterstützt, verändert und weiter entwickelt. Sie überschaute klarsichtig ihre Rolle in der Ehe, ihr bisheriges Leben, ihre nie eingestandenen Wünsche und Bedürfnisse. Sie entwickelte ein neues Lebensziel, sie hatte viele kreative Hobbies. Sie hatte erkannt, aus welcher gesellschaftlichen und individuellen Prägung heraus sie sich jahrzehntelang ihrem Mann weitgehend untergeordnet hatte. Unter seiner Dominanz hatte sie sehr gelitten; das wurde ihr nach dem Erkennen der Zusammenhänge recht deutlich. In einem jahrelangen Prozeß, der meist unbequem und auch schmerzhaft war, hatte sie Terrain dazugewonnen, sich eigene Freiräume geschaffen. Virginia Woolfs: «Ein Zimmer für mich allein», hatte sie in die Praxis umgesetzt.

Der Ehemann sah dieser Entwicklung mehr als mißtrauisch zu. Er hatte sich wenig verändert, er war und blieb sehr eigensinnig, mußte das Sagen haben. Den Widerstand seiner Frau nahm er anfangs nicht recht ernst. Mit der Zeit erkannte er, daß es seiner Frau lebenswichtig wurde, ihr eigenes Leben zu leben. Wenn auch zunächst in der bisherigen Form der Ehe. Sie unternahmen viel zusammen; die Basis dieser Ehe war stabil. Doch vieles an ihrem Partner störte sie, es gab Eigenschaften, die sie ablehnte, seine, bei aller Intelligenz, geistige Unbeweglichkeit war ein ständiger Stein des Anstoßes. Die Frau kämpfte mit dem Mut einer Löwin für ihre Selbstverwirklichung. Es kam der Zeitpunkt, wo sie glaubte, keine Kompromisse mehr schließen zu können. Sie kämpfte jetzt gegen den offenen Widerstand des Mannes. Sie war bereit, den hohen Preis einer Trennung zu zahlen. Dieser Prozeß kostete viel Kraft; in den Gesprächen mit den Frauen der Gruppe wurden ihr aber auch die Vorteile dieser Ehe deutlich. Ihr Mann liebte sie, war ihr sehr zugetan. Er half partnerschaftlich im Haushalt mit. Er war ein guter Kumpel.

Zu Beginn des Seminars schien sie sehr nervös, oft übererregt. Sie litt unter einer großen inneren Unruhe, die sich auch in körperlichen Beschwerden ausdrückte.

Sie lernte AT sehr schnell. Sie «wollte» das AT als «Hilfe» einsetzen. Sie vertraute auf die Wirkung und erlebte diese bald sehr positiv. Sie wurde auch für die anderen sichtlich ruhiger und ausgeglichener. Ihrem Mann gegenüber verlor sie einen Großteil ihrer Aggressionen. Sie erkannte, daß es nur zwei Möglichkeiten gab; entweder Kompromisse zu schließen, ihren Mann bedingt so zu nehmen, wie er halt nun mit fast 60 Jahren war, oder aber festzustellen, daß sie zu sehr in dieser Ehe leiden mußte, dann wäre eine Trennung der einzige Weg. Sicher, dieser Mann war nicht der Mann, den sie sich im «Jetzt und Hier» ausgesucht hätte. Vor 30 Jahren jedoch entsprach er ganz ihren Vorstellungen. Sie hatten sich nur in dieser langen Zeit unterschiedlich entwickelt. Jeder Mensch reagiert auf entscheidende Veränderungen in der Persönlichkeit seines Partners angstvoll. Er verliert die Sicherheit des vertrauten Verhaltens: er hat noch keine neuen Reaktionsmuster gefunden.

Dies erkannte die Frau und konnte die Vor- und Nachteile ruhig abwägen und fand heraus, daß sie sich nicht von ihrem Mann trennen wollte. Sie wußte, daß es auch ihre Aufgabe war, ihm die Angst vor der «neuen» Frau zu nehmen. Die «neue» Frau konnte eine wesentliche Bereicherung dieser Ehe sein. Nachdem sie täglich mehr Ruhe und Sicherheit fand, konnte eine befriedigende

Kommunikation zwischen den beiden wieder stattfinden. Sie entwickelten sich wieder ein ganzes Stück aufeinander zu.

Die körperlichen Beschwerden verschwanden völlig. Die Frau meinte am Ende des zweiten Seminars, ohne das AT wäre ihre Ehe auseinander gegangen.

Es wird immer wieder versucht, AT bei Suchtkrankheiten als Therapie einzusetzen. Der Erfolg ist sehr unterschiedlich. Alkoholismus ist ja nicht heilbar; «trocken» zu sein heißt nicht, gefeit gegen Alkohol zu sein. Unendlich viel Disziplin und Durchhaltevermögen gehört dazu, besonders in einer Zeit, in der der Konsum von Alkohol gesellschaftlich sanktioniert ist, ja fast zum Zwang werden kann.

In Verbindung mit Alkohol werden häufig noch Tabletten eingenommen.

Voraussetzung für eine Therapie ist eine starke Motivation, ein ehrliches Wegwollen von der Sucht. Die Ursachen der Alkoholsucht sind vielschichtig und müssen im einzelnen immer geklärt werden.

Eine Suchtberatungsstelle schickte mir eine Frau, 65 Jahre alt, die sich dort nach AT erkundigt hatte. Sie war in AA-Gruppen (Anonyme Alkoholiker) gewesen und hatte dort kein Zutrauen fassen können. Ihr Sohn hatte ihr AT empfohlen, er hatte es bei einer Prüfung als äußerst hilfreich erlebt und vertraute nun dem AT als «Suchthilfe».

Dieses Vertrauen war eine gute Voraussetzung für eine Therapie. Bei einem ersten Gespräch zeigte sich, daß eine «aufhellende» Therapie, eine Aufarbeitung ihrer Lebensgeschichte, nicht in Frage kam. Der Frau ging es einzig um das Wegkommen vom Alkohol und den Tabletten. Sie hatte schon mehrere schwere Kreislaufzusammenbrüche hinter sich. Ihr schwer kriegsbeschädigter Mann war auf ihre Hilfe angewiesen. Sie hatte oft völlige

«Ausfälle». Sie schloß sich dann für Stunden in ihr Zimmer ein und trank bis zur Bewußtlosigkeit.

Sie lernte AT sehr schnell; auch «ihre» Vorsatzformel war ihr bald völlig geläufig. Sie war aber nie bereit, über ihre häusliche Situation mehr als nur das Allernotwendigste zu berichten. Nach einem ¾ Jahr beendete sie die Therapie mit dem Hinweis, sie sei jetzt «trocken». Auch der Tablettenkonsum sei beträchtlich gesunken. Anstatt wie vormals 14 Tabletten nehme sie nur noch hin und wieder 3 bis 5 Tabletten. Hatte sie zu Hause Gäste, trank sie trotz der Anspielungen nur Sprudel. Ihr Blutdruck, der während ihrer Alkoholperiode auf 200–220 war, sank auf einen Mittelwert von 160. Ihr Arzt war sehr zufrieden. Sie hatte keine «Ausfälle» mehr, sie stürzte auch nicht mehr die Treppen in ihrem Haus herunter, was früher häufig passiert war.

Nach einiger Zeit hörte ich, daß sie den Alkohol nach wie vor meide, aber nun dauernd Schokolade essen würde, was zu einer hohen Gewichtszunahme geführt hätte. Wieder nach einiger Zeit hörte ich, daß sie die Schokolade aufgegeben hätte. Sie bat aber, daß man keinen Kontakt mehr mit ihr aufnehmen solle, auch nicht mit der Suchtberatungsstelle.

Ich weiß nicht, wie es ihr heute geht.

Eine relativ kurze Einzel-Therapie machte ein Mann von 26 Jahren, der vor seinem Examen stand. Er hatte eine unglaubliche Angst vor dem Examen, obschon seine Leistungen gut waren und er der Prüfung hätte ruhig entgegensehen können.

Er versprach sich vom AT Abhilfe seiner übergroßen Prüfungsangst. Sein Leben verlief recht gleichförmig, ohne große Höhen und Tiefen. Seine Beziehung zu der Freundin war ruhig, keinesfalls leidenschaftlich. Er schien aber nichts zu vermissen. Er wollte nicht mehr als nötig von sich sprechen. Eine Psychotherapie wollte er nicht beginnen.

Er lernte AT schnell und übte seinen formelhaften Vorsatz «Ich schaff' es!» täglich mehrmals. Nach einem halben Jahr, als die Prüfung herankam, war er sichtlich ruhiger. Er ging eigentlich ganz gelassen an die Sache heran. Er meinte: «Und wenn ich durchfalle, ist es auch nicht so schlimm, dann wiederhole ich halt noch mal».

Seine Eltern waren sehr verständnisvoll. Er schaffte die Prüfung mit einer guten 2.

Nach einem Jahr rief er noch einmal an und bat, ob ich ihn in eine der Gruppentherapien aufnehmen könne. Ich mußte ihn auf später vertrösten, da alle Gruppen schon angefangen hatten und auch noch längere Zeit laufen würden.

Schulangst, Angst vor Klassenarbeiten sind mit AT in relativ kurzer Zeit wesentlich zu verringern. Gespräche mit den Eltern verstärken den «Heilungsprozeß» natürlich, denn es ist ja meist der häusliche Druck, auf den das Kind oder der Jugendliche so angstvoll reagiert. Magengeschwüre bei Kindern und Jugendlichen sind keine Seltenheit, ebenso wie Migräne und vor allem Schlafstörungen. Hier kann AT wirksame Hilfe bieten.

Ich hatte einen Patienten, der mit einem Magengeschwür zu mir kam und mit Hilfe des AT einer Operation ausweichen wollte. In den Stunden teilten wir die Zeit in einen Gesprächs- und Übungsteil auf. Der Mann – etwa 40 Jahre alt – hatte einen sehr stressigen Beruf, mit sehr viel Verantwortung. Er war sehr leistungsorientiert und erwartete das auch von seinen Mitarbeitern. Er schien nicht sehr beliebt zu sein. Er delegierte wenig an andere, er meinte unersetzlich zu sein. In den vielen Gesprächen wurde ihm klar, daß er sein Verhalten in der Firma ändern müsse, daß er seinen großen Leistungsanspruch einmal überprüfen müsse. Er erkannte schließlich bei sich Minderwertigkeitskomplexe, die er überkompensieren mußte. Er erinnerte sich, daß sein Vater ihn als einen Versager bezeichnet hatte, weil er nicht studieren wollte, sondern in die Industrie ging. Während der Therapiezeit entwickelte er neue Hobbies, die er mit seiner Familie zusammen ausübte. Die Familie hatte er, wie er nun sah, lange Zeit vernachlässigt. Seine Frau war recht unzufrieden und erwog, wie er zu seinem größten Erschrecken erfuhr, eine Scheidung.

Durch die gemeinsamen Unternehmungen schuf sich die Familie eine neue Basis miteinander umzugehen. Sein Verhältnis zu seiner Frau verbesserte sich, er nahm sich viel mehr Zeit für sich, seine Frau und die Kinder.

Die Mitarbeiter in der Firma spürten, daß er viel weniger Druck ausübte, daß er viel ruhiger und ausgeglichener wurde. Sie reagierten mit mehr Freundlichkeit ihm gegenüber. Das wiederum machte ihn sehr glücklich. Die häusliche und geschäftliche Atmosphäre hatte sich entspannt. Seine Schmerzen waren kaum noch spürbar, er schlief wieder, und durch die vielen Radtouren und Wanderungen, seine neuen Hobbies, besserte sich sein gesundheitlicher Allgemeinzustand wesentlich.

Nach einem Dreivierteljahr rief mich der Hausarzt an und sagte, es sei keine Operation mehr nötig, das Geschwür wäre auf dem Röntgenschirm kaum mehr zu sehen. Nach einem längeren Urlaub, dem ersten seit vielen Jahren, rief der Patient an, bedankte sich für alles wie er es nannte, und beendete damit die Therapie. Er war gesund, wollte aber nie mehr mit dem AT aufhören, denn er wäre doch recht labil und irgendwann mal wieder «so arbeitswütig», daß ihm «AT dabei über die Runden helfen» müßte.

Voraussetzung für jede wirklich effiziente Therapie ist das Erkennen von Ursachen des *Fehlverhaltens*. Fehlverhalten kann auch ein Aufbegehren gegen unzumutbare Zustände sein. Hier kann Krankheit eine Chance bedeuten.

Dies gilt auch im besonderen für sexuelle Schwierigkeiten, die meist nur tiefenpsychologisch erklärbar und zu überwinden sind.

Ich erinnere mich an eine junge Patientin, die zeitweise an Orgasmusschwierigkeiten litt.

Sie war kurz vor dem Orgasmus sehr verspannt und beendete den Akt mit ihrem Freund meist recht unbefriedigt. In den Gesprächen wurde deutlich, daß diese Verspannung noch lange Auswirkungen auf ihre Beziehungen und den Alltag hatte. Ihr Freund hatte vor ihr eine Freundin, von der er berichtete, daß diese sehr leidenschaftlich gewesen sei und oft mehrere Orgasmen hintereinander gehabt hätte. Sie selbst hielt sich in ihrer Sexualität für ganz normal. Sie und ihr Freund waren bisher auch ganz gut miteinander ausgekommen.

Auf einer Tagung traf nun ihr Freund diese alte Freundin wieder. Es kam zu einer einmaligen Begegnung. Beide wollten keine Fortsetzung dieser Begegnung, da sie beide in recht befriedigenden Beziehungen lebten und keine Außenbeziehung anfangen wollten. Als meine Patientin von diesem Treffen hörte, wurde sie zu ihrem eigenen Erstaunen sehr eifersüchtig. Sie reagierte äußerst verletzt und heftig.

Seit dieser Zeit litt sie unter den Orgasmusschwierigkeiten. Der Freund wollte ihr helfen; er beteuerte ihr immer wieder seine Zuneigung und die Unwichtigkeit dieser Begegnung. Er sei auch sexuell mit ihr, seiner jetzigen Freundin, zufrieden. Er vermisse nichts. Trotzdem war die Frau mißtrauisch und litt sehr unter ihrem Verhalten. Sie versprach sich vom AT Hilfe, da eine Freundin gute Erfahrungen gemacht hatte.

Nachdem sie die Geschichte ihres Problems geschildert hatte, machte sie intensive Atemübungen in den Unterleib (s. S. 95), sie lernte sich dabei zu entspannen, die Wärme im Genitalbereich zu spüren und mit der Zeit «loszulassen». Ihre Formel hieß «ich lasse los». Sie übte fleißig zu Hause und berichtete nach vier Monaten, «daß es erstmals wieder geklappt hätte». Sie fühlte sich insgesamt viel ruhiger und war zu ihrem Erstaunen viel fröhlicher. Nachdem sich der von ihr gewünschte Erfolg mehrmals wiederholt hatte, beendete sie die Therapie.

Nach einem Jahr traf ich sie bei einem Summertime-Konzert im Park, und sie sagte, es sei alles wieder völlig in Ordnung; sie hätte ihr Studium gut beendet und hoffe auf eine Stelle.

Bei diesen Beispielen will ich es erst einmal bewenden lassen. Ich habe noch *nie*, und das mag unwahrscheinlich klingen, erlebt, daß AT *keinen Erfolg* erzielt hätte. Es lassen sich allerdings keine Neurosen oder Psychosen damit «heilen».

In jedem Falle verändert sich die Grundbefindlichkeit der betroffenen Menschen. Symptome verschwinden oder bessern sich, die Einsicht in die eigene Befindlichkeit, die Fähigkeit, Zusammenhänge zu erkennen, verhelfen zu mehr innerer Sicherheit und Ruhe. Ist das innere Gleichgewicht erst wiederhergestellt, lassen sich die «ursächlichen» Probleme ganz anders, mit mehr Kraft und auch Phantasie, angehen. Man geht auf einer anderen, einer neuen Ebene mit seinen Konflikten und Problemen um.

«Vorbeugen ist besser als Heilen», dieser Satz gilt für jeden Menschen, und gerade in der Gesundheitsvorsorge hat das Autogene Training einen außerordentlich hohen Erfolgswert.

Nachwort

Mit diesem Buch hoffe ich, bei dem Leser Neugierde und Interesse an Autogenem Training, Atemtraining und meditativen Übungen geweckt zu haben.

Neugierde und Interesse sind eine gute Motivation, eigene Erfahrungen mit den Entspannungsmethoden zu machen. Wenn Ihnen das Buch darüber hinaus hilft, mit den Problemen des Alltags, der persönlichen körperlich-seelischen Befindlichkeit besser umgehen zu können, wäre ein wichtiges Ziel erreicht.

Es war für mich nicht das wichtigste Anliegen dieses Buches, das Autogene Training als ein «Allheilmittel» zu beschreiben, ein Mittel etwa gegen Schmerzen, Konzentrationsstörungen, Asthma bronchiale, Magersucht und gegen vieles andere mehr. Autogenes Training kann bei all diesen Störungen hilfreich sein, wenn man die «Krankheit» oder die Beschwerde als ein «Signal» betrachtet. AT sollte nicht wie eine «Schmerz- oder Beruhigungstablette» benutzt werden. So würden die Ursachen der «Leiden» verschleiert oder zugedeckt.

«Das eine tun, und das andere nicht lassen», riet mir ein Lehrer während meines Studiums. Ich kann das AT zur Linderung meiner akuten Beschwerden benutzen, ich kann den Stress abbauen, aber ich muß weiterhin bemüht sein, mir der Ursachen der Beschwerden «bewußt» zu werden. Nur so komme ich wieder in ein gutes, innere Gleichgewicht.

Ich hoffe aufgezeigt zu haben, welch große «Hilfe zur Selbsthilfe» in diesen Methoden liegen. Der Mensch verfügt über ein hohes Potential an Selbstheilungskräften, die es nur zu aktivieren gilt. Durch die Beherrschung von konzentrativer Selbstentspannung, einem bewußteren und damit besseren Atmen, einer Versenkung durch meditative Übungen ist eine persönliche Weiterentwicklung und Reifung durch eine «Innenschau» möglich, die Sie Ihr bisheriges Leben überprüfen und das eigene Selbst erkennen läßt.

Ruth Nanda Anshen schreibt im Nachwort zu Erich Fromms «Haben oder Sein»:

«Die jetzige Generation entdeckt, daß die Geschichte nicht den sozialen Optimismus der modernen Zivilisation bestätigt und daß die Organisation menschlicher Gemeinschaften und die Setzung von Freiheit, Gerechtigkeit und Frieden nicht nur intellektuelle Taten, sondern auch geistige und moralische Werke sind. Sie verlangen die Pflege der Ganzheit menschlicher Persönlichkeit, die ‹spontane Ganzheit von Fühlen und Denken›.»[22]

[22] Fromm a. a. O.

Literaturauswahl

Fromm, Erich: Haben oder Sein. DVA, Stuttgart 1980; auch dtv-Taschenbuch, München.

Hoffmann, Bernt H.: Handbuch des Autogenen Trainings. Deutscher Taschenbuch Verlag, München o. J.

Janov, Arthur: Anatomie einer Neurose. Fischer Taschenbuchverlag, Frankfurt 1976.

Lodes, Hiltrud: Atme richtig. Lübbe, Bergisch-Gladbach 1981.

Lowen, Alexander: Bio-Energetik. Rowohlt Taschenbuch Verlag, Reinbek 1979.

Müller, Else: Phantasie- und Märchenreisen. Autogenes Training in Vorlesegeschichten, Geschichten zum Entspannen, Erholen und Träumen. S. Fischer, Frankfurt 1983.

Peter, Burkhard/Gerl, Wilhelm: Entspannung. Goldmann, München 1981.

Reich, Wilhelm: Die Funktion des Orgasmus. Kiepenheuer und Witsch, Köln 1981.

Richter, Werner R.: Heilkunst des Fernen Osten. Bayerischer Rundfunk 1981, Sendereihe: «Diese unsere Welt».

Schultz, Johannes Heinrich: Das autogene Training. Thieme, Stuttgart 1979.

Schwäbisch, Lutz/Siems, Martin: Selbstentfaltung durch Meditation. Rowohlt, Reinbek 1976.

Selye, Hans: Stress. Rowohlt Taschenbuch Verlag, Reinbek 1977.

Wadulla, Annamaria: Bewußt Atmen – Besser Leben. Irisiana, München 1981.

Lernprogramme

Eine
Auswahl

sachbuch
ro
ro
ro

C 2177/2

Lernprogramme

Eine
Auswahl

Hans-Peter Nolting
Lernfall Aggression
Wie sie entsteht - wie sie zu verhindern
ist. Ein Überblick mit Praxisschwer-
punkt Alltag und Erziehung (8352)

Friedemann Schulz von Thun
Miteinander reden
Band 1
Störungen und Klärungen.
Allgemeine Psychologie der
Kommunikation (7489)
Miteinander reden
Band 2
Stile, Werte und Persönlichkeits-
entwicklung.
Differentielle Psychologie der
Kommunikation (8496)

L. Schwäbisch/M. Siems
**Anleitung zum sozialen Lernen für
Paare, Gruppen und Erzieher**
Kommunikations- und Verhaltens-
training (6846)

Martin Siems
Dein Körper weiß Antwort
Focusing als Methode der Selbsterfahrung. Eine praktische Anleitung
(7968)

F. Teegen/A. Grundmann/A. Röhrs
Sich ändern lernen
Anleitung zu Selbsterfahrung und
Verhaltensmodifikation (6931)

C 2177/5 a

ro ro ro
SACHBUCH

C 2163/6